Devocionário do Sagrado Coração de Jesus

Dados Internacionais de Catalogação na Publicação (CIP)
(Câmara Brasileira do Livro, SP, Brasil)

Bohn, Antônio Francisco
  Devocionário do Sagrado Coração de Jesus / Antônio Francisco Bohn. 5. ed. – Petrópolis, RJ : Vozes, 2015.

  1ª reimpressão, 2025.

  ISBN 978-85-326-3452-8

  1. Devoções diárias 2. Livros de oração e devoção I. Título.

07-0487   CDD-242

Índices para catálogo sistemático:
1. Devoções diárias : Cristianismo   242

Antônio Francisco Bohn

Devocionário do Sagrado Coração de Jesus

Petrópolis

© 2007, Editora Vozes Ltda.
Rua Frei Luís, 100
25689-900 Petrópolis, RJ
www.vozes.com.br
Brasil

Todos os direitos reservados. Nenhuma parte desta obra poderá ser reproduzida ou transmitida por qualquer forma e/ou quaisquer meios (eletrônico ou mecânico, incluindo fotocópia e gravação) ou arquivada em qualquer sistema ou banco de dados sem permissão escrita da editora.

CONSELHO EDITORIAL

Diretor
Volney J. Berkenbrock

Editores
Aline dos Santos Carneiro
Edrian Josué Pasini
Marilac Loraine Oleniki
Welder Lancieri Marchini

Conselheiros
Elói Dionísio Piva
Francisco Morás
Gilberto Gonçalves Garcia
Ludovico Garmus
Teobaldo Heidemann

Secretário executivo
Leonardo A.R.T. dos Santos

PRODUÇÃO EDITORIAL

Aline L.R. de Barros
Jailson Scota
Marcelo Telles
Mirela de Oliveira
Natália França
Otaviano M. Cunha
Priscilla A.F. Alves
Rafael de Oliveira
Samuel Rezende
Vanessa Luz
Verônica M. Guedes

Editoração: Elaine Mayworm
Projeto gráfico: AG.SR Desenv. Gráfico
Capa: Marta Braiman

ISBN 978-85-326-3452-8

Este livro foi composto e impresso pela Editora Vozes Ltda.

Sumário

Apresentação, 7

Consagração e oferecimento, 9

Rosário, 11

    Mistérios da alegria (Gozosos), 11

    Mistérios da dor (Dolorosos), 13

    Mistérios da glória (Gloriosos), 16

    Mistérios da luz (Luminosos), 18

Adoração ao Santíssimo Sacramento, 25

    I, 25

    II, 35

Ladainha do Sagrado Coração de Jesus, 43

Celebração Eucarística, 47

Celebração da Palavra, 63

Oferecimento diário ao Sagrado Coração, 75

As doze promessas do Sagrado Coração, 77

Rito de entronização da imagem do Sagrado Coração nas casas, 86

Bênção das fitas (medalhas) e recepção dos novos associados do Sagrado Coração, 93

Orações ao impor a fita sobre os ombros, 98

Orações para depois da comunhão nas primeiras sextas-feiras, 102

Orações ao Sagrado Coração, 106

Apresentação

Na longa série de livros escritos por Antônio Francisco Bohn, dedicado presbítero da Diocese de Blumenau, o *Devocionário do Sagrado Coração de Jesus* tem recebido especial acolhida.

No amor fraterno, Jesus colocou o seu mandamento, chave de felicidade pessoal, familiar e social. Jesus é a manifestação suprema do amor de Deus para a humanidade. João, o apóstolo, proclama "Deus é amor, quem permanece no amor permanece em Deus e Deus nele" (Jo 4,16). O Papa Bento XVI, num mundo sedento de justiça, ternura e paz, aponta-nos para o Deus Amor que, em Jesus de Nazaré, torna-se presente no meio de nós, com o coração aberto para nos acolher.

Que esta preciosa coletânea de orações ao Sagrado Coração de Jesus, cuidadosamente selecionada por nosso Padre Antônio Francisco Bohn, ajude-nos a crescer na escola da oração e do amor fraterno, em resposta ao Deus Amor, ao Deus que tem coração!

> Dom Angélico Sândalo Bernardino
> Bispo Diocesano de Blumenau,
> na bela e Santa Catarina

CONSAGRAÇÃO E OFERECIMENTO

Ato de consagração ao Sagrado Coração

Animador: Sagrado Coração de Jesus, nós estamos aqui para testemunhar os nossos sentimentos de amor, reconhecimento e dedicação. Nós vos bendizemos e louvamos pela abundância imensa de graças, virtudes e dons, que o Espírito Santo derramou em vós.

Todos: A vós, ó Coração sacrossanto, consagramos todos os dias e, em particular, o de hoje.

Animador: Vos escolhemos hoje e para sempre, como centro e rei de nossos corações, a quem só queremos amar, honrar e servir. Ao vosso Coração entregamos todas as nossas esperanças e consolações, todas as nossas aflições e necessidades.

Todos: A vós seja entregue toda a nossa vida. Fazei que sejamos sempre fiéis.

Animador: A vós recomendamos a vossa Igreja, o Santo Padre o Papa, nosso Bispo, todos os sacerdotes, diáconos e ministros. Queira vosso Coração, todo cheio de amor e bondade, lançar um olhar para todos.

Todos: Trindade Santíssima, nós vos oferecemos o Sagrado Coração de Jesus, nosso divino Salvador. Amém.

Oferecimento do dia

Ofereço-vos, ó meu Deus, em união com o Santíssimo Coração de Jesus, por meio do Coração Imaculado de Maria, as orações, obras, sofrimentos e alegrias deste dia, em reparação de nossas ofensas, e por todas as intenções pelas quais o mesmo Divino Coração está continuamente intercedendo e sacrificando-se em nossos altares.

ROSÁRIO

Mistérios da alegria

(Gozosos)

Canto

No primeiro mistério contemplamos como a Virgem Maria foi saudada pelo anjo e lhe foi anunciado que havia de conceber e dar à luz Cristo, nosso Redentor.

Leitura: Entrando na casa de Maria, o anjo disse-lhe: Ave, cheia de graça, o Senhor é contigo. Não temas, Maria, pois encontraste graça diante de Deus. Eis que conceberás e darás à luz um filho e lhe porás o nome de Jesus.

No segundo mistério contemplamos como a Virgem Maria foi visitar sua prima Isabel e ficou com ela três meses.

Leitura: Quando Isabel ouviu a saudação de Maria, a criança estremeceu no seu seio; e Isabel ficou cheia do Espírito Santo. E exclamou em alta voz: Tu és bendita entre as mulheres e bendito é o fruto do teu ventre.

Canto

No terceiro mistério contemplamos o nascimento de Jesus em Belém e, por não achar lugar na estalagem da cidade, Maria colocou-o num presépio.

Leitura: Maria deu à luz seu filho primogênito e, envolvendo-o em faixas, reclinou-o num presépio porque não havia lugar para eles na hospedaria. Havia nos arredores uns pastores, que vigiavam o seu rebanho nos campos durante as vigílias da noite.

No quarto mistério contemplamos a apresentação de Jesus no templo onde estava o velho Simeão que, tomando-o em seus braços, louvou e deu graças a Deus.

Leitura: Concluídos os dias da sua purificação segundo a lei de Moisés, levaram-no a Jerusalém para o apresentar ao Senhor, conforme o que está escrito na lei do Senhor.

Canto

No quinto mistério contemplamos Jesus encontrado no templo entre os doutores.

Leitura: Os pais de Jesus andaram caminho de um dia e o buscaram entre os parentes e conhecidos. Mas, não o encontrando, voltaram a Jerusalém, à procura dele. Três dias depois o acharam no templo, sentado no meio dos doutores, ouvindo-os e interrogando-os.

Canto

Mistérios da dor
(Dolorosos)

Canto

No primeiro mistério contemplamos a agonia mortal de Jesus no horto.

Leitura: Jesus disse aos discípulos: A minha alma está numa tristeza mortal; ficai aqui e vigiai. Adiantando-se alguns passos, prostrou-se com a face por terra e orava que, se fosse possível, passasse dele aquele momento! Ó Pai, tudo te é possível; afasta de mim este cálice!

No segundo mistério contemplamos como Jesus foi cruelmente açoitado e flagelado na casa de Pilatos.

Leitura: Pilatos saiu de novo, foi ter com os judeus e disse-lhes: Não acho nele crime algum. Mas é costume entre vós que pela Páscoa vos solte um preso. Quereis, pois, que eu vos solte o rei dos judeus? Então, todos disseram: Não! A este não, mas a Barrabás. Pilatos mandou então flagelar Jesus.

Canto

No terceiro mistério contemplamos como Jesus foi coroado de agudos espinhos por seus algozes.

Leitura: Os soldados arrancaram-lhe as vestes e nele colocaram um manto vermelho. Depois, trançaram uma coroa de espinhos e a meteram na cabeça e na mão colocaram uma vara. Dobrando os joelhos diante dele, diziam com escárnio: Salve, rei dos judeus!

No quarto mistério contemplamos como Jesus, sendo condenado à morte, carregou com grande paciência a cruz que lhe puseram nos ombros.

Leitura: Pela terceira vez Pilatos interveio: que mal fez ele? Não achei nele nada que mereça a morte; irei, portanto, castigá-lo, e depois o soltarei. Mas eles insistiam, reclamando em altas vozes que fosse crucificado.

Canto

No quinto mistério contemplamos a crucificação e morte de Jesus no alto do Calvário.

Leitura: Chegados que foram ao lugar chamado Calvário, ali o crucificaram, como também os ladrões, um à direita e outro à esquerda. E Jesus dizia: Pai, perdoa-lhes, porque eles não sabem o que fazem.

Canto

Mistérios da glória
(Gloriosos)

Canto

No primeiro mistério contemplamos a ressurreição triunfante de Jesus.

Leitura: No sepulcro, estava sentado um jovem vestido de roupas brancas e assustaram-se. Ele lhes falou: Não tenhais medo; buscais Jesus de Nazaré que foi crucificado; ressuscitou, já não está aqui; eis o lugar onde o depositaram.

No segundo mistério contemplamos a ascensão de Jesus aos céus.

Leitura: Enquanto Jesus se elevava, apareceram dois homens vestidos de branco, que lhes disseram: Homens da Galileia, por que ficais aí a olhar para o céu? Este Jesus que acaba de vos ser arrebatado para o céu voltará do mesmo modo que o vistes subir para o céu.

Canto

No terceiro mistério contemplamos a vinda do Espírito Santo sobre os apóstolos e Maria.

Leitura: Apareceram-lhes então uma espécie de línguas de fogo que se repartiram e repousaram sobre cada um deles. Ficaram todos cheios do Espírito Santo e começaram a falar em outras línguas, conforme o Espírito Santo lhes concedia que falassem.

No quarto mistério contemplamos a Assunção de Maria aos céus.

Leitura: Se por um homem veio a morte, por um homem vem a ressurreição dos mortos. Assim como em Adão todos morrem, assim em Cristo todos reviverão. Cada qual, porém, em sua ordem: como primícias, Cristo; em seguida, os que forem de Cristo, na ocasião de sua vinda.

Canto

No quinto mistério contemplamos a coroação de Maria Santíssima como rainha e senhora do céu e da terra.

Leitura: O Senhor Deus Altíssimo deu neste dia tanta glória ao teu nome que nunca o teu louvor cessará de ser celebrado pelos homens, que se lembrarão eternamente do poder do Senhor.

Canto

Mistérios da luz
(Luminosos)

Canto

No primeiro mistério contemplamos o batismo de Jesus.

Leitura: Depois que Jesus foi batizado, saiu logo da água. Eis que os céus se abriram e viu descer sobre Ele, em forma de pomba, o Espírito de Deus. E do céu desceu uma voz: Eis meu Filho muito amado em quem ponho a minha afeição.

No segundo mistério contemplamos o primeiro milagre de Jesus em Caná da Galileia.

Leitura: Em Caná da Galileia, como viesse a faltar vinho, a mãe de Jesus disse-lhe: Não há mais vinho. Respondeu-lhe Jesus: Mulher, isso não compete a nós. Minha hora ainda não chegou. Disse, então, sua mãe aos serventes: Fazei tudo o que Ele vos disser.

Canto

No terceiro mistério contemplamos o convite de Jesus ao Reino de Deus.

Leitura: O reino dos céus é semelhante a um homem que tinha semeado boa semente em seu campo; é comparado a um grão de mostarda; comparado ao fermento; é semelhante a um tesouro escondido num campo; semelhante a um negociante de pérolas preciosas e a uma rede que recolhe peixes de toda espécie.

No quarto mistério contemplamos a transfiguração de Jesus.

Leitura: Enquanto Jesus orava, transformou-se o seu rosto e as suas vestes tornaram-se resplandecentes de brancura. E eis que falavam com Ele dois personagens; eram Moisés e Elias, que apareceram envoltos em glória, e falavam da morte dele, que se havia de cumprir em Jerusalém.

Canto

No quinto mistério contemplamos a instituição da Eucaristia realizada por Jesus.

Leitura: Disse Jesus: Ide à cidade, e sair-vos-á ao encontro um homem, carregando um cântaro de água; segui-o, e onde ele entrar, dizei ao dono da casa que o Mestre pergunta: Onde está a sala na qual eu devo comer a Páscoa com os meus discípulos? E ele vos mostrará uma grande sala no andar superior, mobiliada e pronta; fazei ali os preparativos.

Canto

Orações conclusivas

Infinitas graças vos damos, soberana princesa, pelos benefícios que todos os dias recebemos de vossas mãos liberais. Dignai-vos, agora e sempre, tomar-nos debaixo de vosso poderoso amparo e, para mais vos obrigar, vos saudamos.

Salve, Rainha

Salve, Rainha, Mãe de misericórdia, vida, doçura, esperança nossa, salve! A vós bradamos os degredados filhos de Eva. A vós suspiramos, gemendo e chorando neste vale de lágrimas. Eia, pois, Advogada nossa, esses vossos olhos misericordiosos a nós volvei e, depois deste desterro, mostrai-nos Jesus, bendito fruto do vosso ventre, ó clemente, ó piedosa, ó doce sempre Virgem Maria.

Lembrai-vos

Lembrai-vos, ó piíssima Virgem Maria, que nunca se ouviu dizer que algum daqueles que recorreram à vossa proteção, imploraram a vossa assistência e reclamaram o vosso socorro, fosse por vós desamparado. Animado eu, pois, com igual confiança, a vós, Virgem entre todas singular, como à minha Mãe recorro; de vós me valho e, gemendo sob o peso de meus pecados, me prostro aos vossos pés. Não rejeiteis as minhas súplicas, ó Mãe do Filho de Deus humanado, mas dignai-vos de as ouvir e de me alcançar o que vos rogo. Amém.

À vossa proteção

À vossa proteção recorremos, santa Mãe de Deus. Não desprezeis as nossas súplicas em nossas necessidades, mas livrai-nos sempre de todos os perigos, ó Virgem gloriosa e bendita, Senhora nossa, Advogada nossa; reconciliai-nos com vosso Filho, recomendai-nos a vosso Filho, apresentai-nos a vosso Filho. Amém.

Saudação à Mãe de Deus

Salve, ó Senhora santa, Rainha santíssima, Mãe de Deus, que sois Virgem perpétua, eleita pelo santíssimo Pai celestial, que vos consagrou por seu santíssimo e dileto Filho e o Espírito Santo Paráclito! Em vós residiu e reside toda a plenitude da graça e todo o bem! Salve, ó palácio do Senhor! Salve, ó tabernáculo do Senhor! Salve, ó morada do Senhor! Salve, ó manto do Senhor! Salve, ó serva do Senhor! Salve, ó Mãe do Senhor e salve vós todas, ó santas virtudes derramadas, pela graça e pela iluminação do Espírito Santo, nos corações dos fiéis, transformando-os de servos infiéis em servos fiéis a Deus.

Santo Anjo

Santo Anjo do Senhor, meu zeloso guardador, se a ti me confiou a piedade divina, sempre me rege, guarde, governe, ilumine. Amém.

Sinal da cruz

Em nome do Pai e do Filho e do Espírito Santo. Amém.

ADORAÇÃO AO SANTÍSSIMO SACRAMENTO

I

01 - CANTO

02 - ORAÇÃO

Todos: Ó Coração generoso de Jesus, meu Salvador, Vós, não contente com derramar o vosso sangue na cruz, vos dais inteiramente a nós, na Sagrada Eucaristia, na qual vos estais sempre oferecendo a vosso eterno Pai, para a conversão dos pecadores, para a santificação dos justos e para o bem de toda a Igreja. Desejando eu corresponder aos desígnios de vosso Coração cheio de amor, venho, hoje, consagrar-me inteiramente a Vós. Desejo viver intimamente da vossa vida, unindo minhas orações, trabalhos, sofrimentos e alegrias à vossa oblação eucarística, para dilatar o vosso Reino no coração dos homens e na vida pública das nações. Dignai-vos, pois, aceitar este oferecimento que vos faço, pelo Coração Imaculado de Maria, vossa Mãe, e concedei-me, por sua intercessão, a graça de cumpri-lo fielmente, até o último momento de minha vida. Assim seja!

03 - CANTO

04 - ORAÇÃO

Animador: Disse Jesus aos seus discípulos: Ansiosamente tenho desejado comer com vocês este cordeiro pascal, antes de sofrer, pois digo que não o comerei mais até que ache seu cumprimento no Reino de Deus. Em seguida, pegou o cálice com vinho, deu graças e disse:

Todos: Tomem isto e repartam entre vocês; pois eu lhes digo que nunca mais beberei o fruto da videira até que venha o Reino de Deus.

Animador: A seguir, Jesus tomou um pão, agradeceu a Deus, o partiu e distribuiu a eles, dizendo:

Todos: Isto é o meu corpo, que é dado por vocês. Façam isto em memória de mim.

Animador: Depois da ceia, Jesus fez o mesmo com o cálice, dizendo:

Todos: Este cálice é a nova aliança do meu sangue, que é derramado por vocês.

Animador: Este momento de adoração quer comprometer nossa vida, nosso apostolado no serviço do Senhor, amando a Deus sobre todas as coisas e ao nosso próximo como a nós mesmos. Senhor Jesus Cristo! Cremos que você está presente na Eucaristia, porque você mesmo o afirmou quando transformou o pão no seu Corpo e o vinho no seu Sangue.

Todos: Façam isto em memória de mim. Eucaristia é memória, é lembrança, é partilha, é celebração da presença de Jesus no meio de nós!

Animador: Nosso canto eleve nossos sentimentos neste momento...

05 - CANTO

06 - ORAÇÃO

Leitor 1: Quem come a minha carne e bebe o meu sangue tem a vida eterna e eu o ressuscitarei no último dia. Porque a minha carne é verdadeira comida e o meu sangue é verdadeira bebida. Quem come a minha carne e bebe o meu sangue vive em mim e eu vivo nele. E, como o Pai me enviou, assim aquele que me recebe como alimento viverá por mim. E o pão que eu lhes dou é para que o mundo tenha vida. Eu sou o pão da vida. Quem vem a mim não terá mais fome e quem acredita em mim nunca mais terá sede.

Todos: Senhor, dai-nos sempre deste pão!

Leitor 2: Eu sou a videira e meu Pai é o agricultor. Todo ramo que não dá fruto, o Pai o corta. Os ramos que dão fruto, Ele os poda para que deem mais fruto ainda. Vocês já estão limpos por causa da palavra que eu lhes falei. Fiquem unidos a mim e eu ficarei unido a vocês. O ramo que não fica unido à videira não pode dar fruto. Vocês também não poderão dar fruto se não ficarem unidos a mim. Eu sou a videira e vocês são os ramos. Quem fica unido a mim e eu a ele dará muito fruto, porque sem mim vocês não podem fazer nada.

Todos: Jesus Cristo é o tronco. Nós somos os ramos. Ligados a Cristo, daremos frutos de amor e fraternidade.

Animador: Mesmo se dermos um simples copo de água a um sedento, é a Cristo que o oferecemos. É no próximo, especialmente no mais sofredor, que encontramos o Senhor.

Todos: Jesus é a videira e nós somos os ramos!

07 - CANTO

08 - ORAÇÃO

Animador: Amem o Senhor e andem em todos os seus caminhos, guardem seus mandamentos. Apeguem-se ao Senhor e o sirvam com todo o coração e com todo o vigor. O Senhor ama o justo e jamais abandona seus fiéis.

Todos: O Senhor liberta os prisioneiros. O Senhor abre os olhos dos cegos. O Senhor endireita os encurvados. O Senhor ama a justiça. Ele corrige aqueles que ama, como um pai corrige seu filho e sua filha.

Animador: Eu sou o bom pastor. O bom pastor dá a vida por suas ovelhas. O Pai me ama, porque eu dou a minha vida para salvar. Eu vos dou um novo mandamento: Amem-se uns aos outros. Se vocês tiverem amor uns para com os outros, todos reconhecerão que vocês são meus discípulos.

Todos: Eu sou o caminho, a verdade e a vida. Fiquem unidos a mim e eu ficarei unido a vocês. Eu sou a videira e vocês são os ramos. Não existe maior amor do que dar a vida por seus amigos. Eu chamo vocês de amigos porque partilhei com vocês tudo o que ouvi do meu Pai. Não foram vocês que me escolheram; eu é que os escolhi e enviei para darem muitos frutos.

Animador: Tenham todos os mesmos sentimentos, vivam em paz e o Deus do amor e da paz estará com vocês. Em Cristo, o que conta é a fé que age por meio do amor. Coloquem-se a serviço dos outros por meio do amor. Quem semeia com generosidade, com fartura há de colher. O fruto do Espírito Santo é amor, alegria, paz, paciência, bondade, fé, mansidão e domínio de si mesmo. Sejam humildes, amáveis, pacientes, suportem-se uns aos outros no amor. Vivam no amor assim como Cristo nos amou e se entregou a Deus por nós. Deus nos falou e fala por meio de seu Filho Jesus.

Animador: Cantar é louvar o Senhor. Com fé e confiança, cantemos...

09 - CANTO

10 - ORAÇÃO

Todos: Coração inflamado do puro amor, altar da caridade divina. Coração que ardeis de amor para com Deus e para comigo, eu vos adoro, vos amo e quisera consumir-me de amor e de reconhecimento diante de Vós. Eu me associo às vossas disposições e quero, a todo custo, arder no fogo do vosso amor e viver de vossa vida. Coração divino, eu me uno a Vós e em Vós me escondo. Não quero mais viver senão de Vós, por meio de Vós e por Vós. Coração infinitamente amável, santo e perfeito, eu vos amo de todo o meu coração, com toda a minha alma e com todas as minhas forças. Coração sacratíssimo de Jesus, Vós me tendes amado tanto; eu também, de minha parte, vos quero amar, com todo o meu ser. Coração ferido do Senhor, muitos vivem sem amor e feridos em sua dignidade. Quero, por amor a Vós, amar os meus irmãos, assisti-los em suas necessidades. Assim seja!

11 - BÊNÇÃO DO SANTÍSSIMO

Canto de adoração

1. Tão sublime Sacramento adoremos neste altar, pois o Antigo Testamento deu ao Novo o seu lugar./:Venha a fé, por suplemento, os sentidos completar:/

2. Ao Eterno Pai cantemos e a Jesus, o Salvador. Ao Espírito exaltemos, na Trindade eterno amor./:Ao Deus Uno e Trino demos a alegria do louvor:/ Amém. Amém.

Sacerdote: Do céu lhes destes o pão!

Todos: Que contém todo sabor!

Sacerdote: Deus, que neste admirável sacramento nos deixastes o memorial da vossa Paixão, concedei-nos tal veneração pelos sagrados mistérios do vosso Corpo e Sangue, que experimentemos sempre em nós a sua eficácia redentora. Vós que viveis e reinais pelos séculos dos séculos.

Todos: Amém.

12 - ORAÇÃO APÓS A BÊNÇÃO

Sacerdote: Bendito seja Deus,

Todos: Bendito seja o seu santo nome.
Bendito seja Jesus Cristo, verdadeiro Deus e verdadeiro homem.
Bendito seja o nome de Jesus.
Bendito seja o seu Sacratíssimo coração.
Bendito seja o seu preciosíssimo sangue.
Bendito seja Jesus no Santíssimo Sacramento do altar.
Bendito seja o Espírito Santo Paráclito.
Bendita seja a grande mãe de Deus, Maria Santíssima.
Bendita seja a sua Santa e Imaculada Conceição.
Bendita seja a sua gloriosa assunção.
Bendito seja o nome de Maria, virgem e mãe.
Bendito seja São José, seu castíssimo esposo.

Bendito seja Deus nos seus anjos e nos seus santos.

Sacerdote: Deus e Senhor nosso,

Todos: Protegei a vossa Igreja,/ dai-lhe santos pastores e dignos ministros./ Derramai as vossas bênçãos/ sobre o nosso Santo Padre, o Papa,/ sobre o nosso Bispo,/ sobre o nosso Pároco,/ sobre todo o clero,/ sobre o chefe da nação e do Estado,/ e sobre todas as pessoas constituídas em dignidade/ para que governem com justiça./ Dai ao povo brasileiro/ paz constante e prosperidade completa./ Favorecei com os efeitos contínuos da vossa bondade/ o Brasil,/ este Bispado,/ a Paróquia em que habitamos,/ a cada um de nós em particular/ e a todas as pessoas por quem somos obrigados a orar/ ou que se recomendaram às nossas orações./ Tende misericórdia das almas dos fiéis/ que padecem no purgatório./ Dai-lhes, Senhor,/ o descanso e a luz eterna./ Pai-Nosso... Ave-Maria... Glória--ao-Pai...

13 – CANTO

II

01 - CANTO

02 - ORAÇÃO

Todos: Senhor Jesus Cristo,/ neste admirável sacramento/ nos deixastes o memorial da vossa paixão./ Dai-nos venerar com tão grande amor/ o mistério do vosso Corpo e do vosso Sangue,/ que possamos colher continuamente os frutos da vossa redenção./ Vós, que viveis e reinais com o Pai,/ na unidade do Espírito Santo./ Amém.

03 - CANTO

04 - ORAÇÃO

Leitor: Cristo, Filho do Deus vivo, que nos mandastes celebrar a ceia eucarística em memória de Vós, fortalecei a Igreja com a fiel celebração de vossos mistérios.

Todos: Cristo, pão do céu, dai-nos a vida eterna.

Leitor: Cristo, maná descido do céu, que reunis num só corpo todos os que participam do mesmo pão, conservai na paz e na solidariedade aqueles que creem em Vós.

Todos: Cristo, pão do céu, dai-nos a vida eterna.

Leitor: Cristo, Sacerdote da nova e eterna Aliança, que do altar da cruz oferecestes ao Pai um sacrifício perfeito, ensinai-nos a oferecer convosco este sacrifício santo.

Todos: Felizes os convidados para a ceia do Senhor.

Leitor: Cristo, rei de paz e de justiça, que consagrastes o pão e o vinho como sinais da vossa oferenda, associai-nos ao vosso sacrifício como oferenda agradável a Deus Pai.

Todos: Felizes os convidados para a ceia do Senhor.

Leitor: Cristo, rei da eterna glória, que nos mandastes celebrar a Eucaristia para anunciar a vossa morte até a vossa vinda no fim dos tempos, tornai participantes da vossa ressurreição todos os que morreram no vosso amor.

Todos: Eu sou o Pão vivo descido do céu, quem comer deste pão viverá para sempre.

05 - CANTO

06 - LEITURA

Leitor: O cálice da bênção, o cálice que abençoamos, não é comunhão com o sangue de Cristo? E o pão que partimos, não é comunhão com o Corpo de Cristo? Porque há um só pão, nós todos somos um só corpo, pois todos participamos desse único pão (1Cor 10, 16-17).

07 - CANTO

08 - ORAÇÃO

Todos: Da Última Ceia a noite recordamos/ em que Jesus se deu, Cordeiro e Pão;/ conforme as leis entregues aos antigos,/ Ele também se entrega aos irmãos./ Aos fracos deu seu corpo em alimento, aos tristes deu seu sangue por bebida./ Diz: recebei o cálice com vinho,/ dele bebei, haurindo eterna vida./ Instituído estava o sacrifício/ que aos seus ministros Cristo confiou./ Devem tomá-lo e dá-lo aos seus irmãos,/ seguindo assim as ordens do Senhor.

09 - CANTO

10 - ORAÇÃO

Todos: Alma de Cristo, santificai-me./ Corpo de Cristo, salvai-me./ Sangue de Cristo, inebriai-me./ Água do lado de Cristo, lavai-me./ Paixão de Cristo, confortai-me./ Ó bom Jesus, ouvi-me./ Dentro de vossas chagas, escondei-me/. Não permitais que me separe de Vós./ Do espírito maligno, defendei-me./ Na hora da morte, chamai-me/ e mandai-me ir para Vós,/ para que com vossos santos vos louve,/ por todos os séculos dos séculos./ Amém.

11 - CANTO

12 - LEITURA

Leitor: O que eu recebi do Senhor foi isso que eu vos transmiti: Na noite em que foi entregue, o Senhor Jesus tomou o pão e, depois de dar graças, partiu-o e disse: Isto é o meu corpo que é dado por vós. Fazei isto em memória de mim. Do mesmo modo, depois da ceia, tomou também o cálice e disse: Este cálice é a nova aliança em meu sangue. Todas as vezes que dele beberdes, fazei isto em minha memória (1Cor 11,23-25).

13 - CANTO

14 - ORAÇÃO

Todos: Senhor Jesus,/ acreditamos e confiamos no amor que o Pai tem para conosco./ Acolhemos o vosso convite:/ Vinde a mim todos,/ e aprendei de mim,/ que sou manso e humilde de coração./ Vosso coração humano e divino/ revela o mistério da bondade do Pai,/ convida à conversão,/ dai-nos paz e esperança./ Do vosso coração,/ transpassado na cruz,/ nasceram a Igreja e os Sacramentos./ Vemos em Vós o modelo da nova criatura,/ recriada segundo Deus,/ em justiça e em verdadeira santidade,/ a criatura de coração novo,/ a mais perfeita imagem de Deus invisível./ Destes a vida, em obediência ao Pai e por amor da humanidade./ Rezastes e morrestes pela união de todos com o Pai e entre si./ Vosso caminho é também o nosso caminho./ Amém.

15 - LEITURA

Leitor: Eles eram perseverantes em ouvir o ensinamento dos apóstolos, na comunhão fraterna, na fração do pão e nas orações. Louvavam a Deus e eram estimados por todo o povo (At 2,42.47a).

16 - CANTO

17 - BÊNÇÃO DO SANTÍSSIMO

Canto de adoração

1. Tão sublime Sacramento adoremos neste altar, pois o Antigo Testamento deu ao Novo o seu lugar./:Venha a fé, por suplemento, os sentidos completar:/

2. Ao Eterno Pai cantemos e a Jesus, o Salvador. Ao Espírito exaltemos, na Trindade eterno amor./:Ao Deus Uno e Trino demos a alegria do louvor:/ Amém. Amém.

Sacerdote: Do céu lhes destes o pão!

Todos: Que contém todo sabor!

Sacerdote: Deus, que neste admirável sacramento nos deixastes o memorial da vossa

Paixão, concedei-nos tal veneração pelos sagrados mistérios do vosso Corpo e Sangue, que experimentemos sempre em nós a sua eficácia redentora. Vós que viveis e reinais pelos séculos dos séculos.

Todos: Amém.

18 - ORAÇÃO APÓS A BÊNÇÃO

Sacerdote: Bendito seja Deus,

Todos: Bendito seja o seu santo nome.
Bendito seja Jesus Cristo, verdadeiro Deus e verdadeiro homem.
Bendito seja o nome de Jesus.
Bendito seja o seu Sacratíssimo coração.
Bendito seja o seu preciosíssimo sangue.
Bendito seja Jesus no Santíssimo Sacramento do altar.
Bendito seja o Espírito Santo Paráclito.
Bendita seja a grande mãe de Deus, Maria Santíssima.
Bendita seja a sua Santa e Imaculada Conceição.
Bendita seja a sua gloriosa assunção.
Bendito seja o nome de Maria, virgem e mãe.

Bendito seja São José, seu castíssimo esposo.
Bendito seja Deus nos seus anjos e nos seus santos.

Sacerdote: Deus e Senhor nosso,

Todos: Protegei a vossa Igreja,/ dai-lhe santos pastores e dignos ministros./ Derramai as vossas bênçãos/ sobre o nosso Santo Padre, o Papa,/ sobre o nosso Bispo,/ sobre o nosso Pároco,/ sobre todo o clero,/ sobre o chefe da nação e do Estado,/ e sobre todas as pessoas constituídas em dignidade/ para que governem com justiça./ Dai ao povo brasileiro/ paz constante e prosperidade completa./ Favorecei com os efeitos contínuos da vossa bondade/ o Brasil,/ este Bispado,/ a Paróquia em que habitamos,/ a cada um de nós em particular/ e a todas as pessoas por quem somos obrigados a orar/ ou que se recomendaram às nossas orações./ Tende misericórdia das almas dos fiéis/ que padecem no purgatório./ Dai-lhes, Senhor,/ o descanso e a luz eterna./ Pai-Nosso... Ave-Maria... Glória--ao-Pai...

19 - CANTO FINAL

LADAINHA DO SAGRADO CORAÇÃO DE JESUS

Animador: Senhor, tende piedade de nós.

Todos: Senhor, tende piedade de nós.

Animador: Jesus Cristo, tende piedade de nós.

Todos: Jesus Cristo, tende piedade de nós.

Animador: Senhor, tende piedade de nós.

Todos: Senhor, tende piedade de nós.

Animador: Coração de Jesus, Filho do Pai Eterno.

Todos: Tende piedade de nós.

Animador: Coração de Jesus, formado pelo Espírito Santo no seio da Virgem Mãe.
Coração de Jesus, unido substancialmente ao Verbo de Deus.
Coração de Jesus, de majestade infinita.
Coração de Jesus, templo santo de Deus.

Coração de Jesus, tabernáculo do Altíssimo.

Coração de Jesus, casa de Deus e porta do céu.

Coração de Jesus, fornalha ardente de caridade.

Coração de Jesus, receptáculo de justiça e de amor.

Coração de Jesus, cheio de bondade e de amor.

Coração de Jesus, abismo de todas as virtudes.

Coração de Jesus, digníssimo de todo o louvor.

Coração de Jesus, Rei e centro de todos os corações.

Coração de Jesus, em que se encerram todos os tesouros da sabedoria e ciência.

Coração de Jesus, onde habita toda a plenitude da divindade.

Coração de Jesus, em que o Pai pôs toda a sua complacência.

Coração de Jesus, de cuja plenitude todos nós recebemos.

Coração de Jesus, o desejado das colinas eternas.

Coração de Jesus, paciente e de muita misericórdia.

Coração de Jesus, riquíssimo para todos que vos invocam.

Coração de Jesus, fonte de vida e santidade.

Coração de Jesus, propiciação por nossos pecados.

Coração de Jesus, saturado de opróbrios.

Coração de Jesus, triturado de dor por causa de nossos crimes.

Coração de Jesus, obediente até a morte.

Coração de Jesus, traspassado pela lança.

Coração de Jesus, fonte de toda a consolação.

Coração de Jesus, nossa vida e ressurreição.

Coração de Jesus, nossa paz e reconciliação.

Coração de Jesus, vítima dos pecadores.

Coração de Jesus, salvação dos que esperam em Vós.

Coração de Jesus, esperança dos que morrem em Vós.

Coração de Jesus, delícia de todos os santos.

Animador: Cordeiro de Deus, que tirais o pecado do mundo.

Todos: Perdoai-nos, Senhor.

Animador: Cordeiro de Deus, que tirais o pecado do mundo.

Todos: Ouvi-nos, Senhor.

Animador: Cordeiro de Deus, que tirais o pecado do mundo.

Todos: Tende piedade de nós.

Animador: Jesus, manso e humilde de coração.

Todos: Fazei nosso coração semelhante ao vosso.

Animador: Deus onipotente e eterno, olhai para o Coração de vosso Filho diletíssimo e para os louvores e as satisfações que Ele, em nome dos pecadores, vos tributa; e aos que imploram a vossa misericórdia concedei benigno o perdão em nome do vosso Filho Jesus Cristo, que convosco vive e reina na unidade do Espírito Santo.

Todos: Amém.

Celebração Eucarística

RITOS INICIAIS

Comentarista: Celebramos o Sagrado Coração de Jesus, aquele Coração que nos revela o amor do Pai celeste para com seu povo! Revela-nos também o amor infinito do próprio Jesus, que por nós entrega sua vida numa cruz, a fim de que possamos viver para sempre. Coloquemo-nos, pois, em sintonia com o Sagrado Coração: celebrando esta Eucaristia, aceitemos o compromisso de entregar nossas vidas, para que o mundo encontre libertação e salvação. Esta é a vontade do Pai celeste.

CANTO DE ENTRADA

SAUDAÇÃO

Sacerdote: Sejam bem-vindos, irmãos e irmãs, a este encontro de fé e amor. Em nome do Pai e do Filho e do Espírito Santo.

Todos: Amém.

Sacerdote: A graça de Nosso Senhor Jesus Cristo, o amor de Deus Pai e a comunhão do Espírito Santo estejam sempre convosco.

Todos: Bendito seja Deus que nos reuniu no amor de Cristo.

ATO PENITENCIAL

Sacerdote: Celebrar o Coração de Jesus é celebrar o amor, a acolhida e a misericórdia de Deus. Será que correspondemos a este amor? Arrependidos, busquemos o perdão de Deus.

Sacerdote: Senhor, que viestes salvar os corações arrependidos.

Todos: Piedade, piedade, piedade de nós.

Sacerdote: Ó Cristo, que viestes chamar os pecadores humilhados.

Todos: Piedade, piedade, piedade de nós.

Sacerdote: Senhor, que intercedeis por nós junto a Deus Pai que nos perdoa.

Todos: Piedade, piedade, piedade de nós.

Sacerdote: Deus todo-poderoso tenha compaixão de nós, perdoe nossos pecados e nos conduza à vida eterna.

Todos: Amém.

ORAÇÃO

Sacerdote: Ó Deus, que no Coração do vosso Filho, ferido por nossos pecados, nos concedestes infinitos tesouros de amor, fazei que lhe ofereçamos uma justa reparação, consagrando-lhe toda a nossa vida. Por nosso Senhor Jesus Cristo, vosso Filho, na unidade do Espírito Santo.

Todos: Amém.

LITURGIA DA PALAVRA

Comentarista: Paulo nos lembra o privilégio que lhe foi concedido: anunciar aos povos as riquezas do amor do Pai revelado em Jesus Cristo.

Leitura: *Leitura da Carta de São Paulo aos Efésios (2,8-19).* Irmãos, eu sou o menor de todos os que pertencem a Deus. Porém, Deus me deu este privilégio de anunciar aos pagãos a boa-nova da imensa riqueza de Cristo. E também me deu o privilégio de fazer com que todos vejam como funciona o plano secreto de Deus. Porque Ele, que criou tudo, guardou o seu segredo em todos os tempos. E foi assim, para que agora, por meio da

Igreja, as autoridades e os poderes angélicos do mundo celestial conheçam a sabedoria de Deus em todas as suas formas. Deus fez isto de acordo com seu eterno propósito, que Ele completou por meio de Jesus Cristo, nosso Senhor. Por Ele, temos a confiança de, pela fé, nos aproximarmos de Deus. Por causa disso, eu me ajoelho diante do Pai, de quem todas as famílias no céu e na terra recebem o seu verdadeiro nome. E peço a Deus que, da riqueza da sua glória, vos dê poder por meio de seu Espírito, para que sejais fortes interiormente. Peço também que, por meio da fé, Cristo viva em vossos corações, com raízes e alicerces profundos no amor. Assim tereis condições para compreender com todos os santos qual é a largura, o comprimento, a altura e a profundidade do amor de Cristo, que ultrapassa todo conhecimento, para que possais estar repletos da plenitude de Deus. Palavra do Senhor.

Todos: Graças a Deus.

SALMO RESPONSORIAL (Sl 144)

Salmista: Ó meu Deus, quero sempre exaltar-vos!

Todos: Ó meu Deus, quero sempre exaltar-vos!

Salmista: Ó meu Deus, quero sempre bendizer o vosso nome pelos séculos. Todos os dias haverei de bendizer-vos, hei de louvar o vosso nome para sempre.

Todos: Ó meu Deus, quero sempre exaltar- vos!

Salmista: Que vossas obras, ó Senhor, vos glorifiquem e os vossos servos com louvores vos bendigam. O Senhor é fiel em sua palavra, é santidade em toda obra que Ele faz.

Todos: Ó meu Deus, quero sempre exaltar-vos!

ACLAMAÇÃO AO EVANGELHO

Comentarista: De pé, preparemo-nos para ouvir o anúncio do evangelho de Jesus Cristo, pelo canto de aclamação.

CANTO DE ACLAMAÇÃO

EVANGELHO

Sacerdote: O Senhor esteja convosco!

Todos: Ele está no meio de nós!

Sacerdote: Proclamação do Evangelho de † Jesus Cristo escrito por João (19,31-37).

Todos: Glória a Vós, Senhor!

Sacerdote: O dia em que Jesus foi crucificado era o dia da preparação da Páscoa. Os judeus, para que os corpos não ficassem na cruz durante o sábado – porque esse sábado era um grande dia –, pediram a Pilatos que fossem quebradas as pernas de Jesus e dos que com Ele tinham sido crucificados, e fossem retirados da cruz. Vieram, então, os soldados, e quebraram as pernas do primeiro e depois do outro que haviam sido crucificados com Ele. Chegando a Jesus e vendo-o já morto, não lhe quebraram as pernas, mas um dos soldados feriu-lhe o lado com a lança. E imediatamente saiu sangue e água. Aquele que viu dá testemunho e seu testemunho é verdadeiro; e ele sabe que diz a verdade, para que vós acrediteis, pois isto aconteceu para que se cumprisse a Escritura: "Nenhum osso lhe será quebrado". E uma outra Escritura diz ainda: "Olharão para aquele que traspassaram". Palavra da Salvação.

Todos: Glória a vós, Senhor!

REFLEXÃO DA PALAVRA

ORAÇÃO DA ASSEMBLEIA

Sacerdote: Cheios de fé e confiança, dirijamos nossos pedidos ao Sagrado Coração de Jesus, que continua intercedendo por nós junto ao Pai.

Leitor: Por toda a Igreja, para que seja sempre no mundo um sinal de unidade, fraternidade, justiça e de paz, rezemos...

Todos: Coração de Jesus, atendei-nos!

Leitor: Pelo nosso bispo, nossos sacerdotes, diáconos permanentes, religiosos e religiosas, ministros e ministras, seminaristas e por todos os vocacionados, para que, animados pelo Espírito Santo, sejam no mundo um sinal da bondade de Deus, rezemos...

Todos: Coração de Jesus, atendei-nos!

Leitor: Pelos que recebem o dom do Espírito Santo para que, vivendo a fé e praticando a caridade, deem por sua vida testemunho de Cristo, rezemos...

Todos: Coração de Jesus, atendei-nos!

Leitor: Pelo mundo inteiro, para que todos, tendo o mesmo Criador e Pai, reconheçam-se como irmãos, sem discriminação de raça ou nação e procurem de coração sincero o Reino de Deus, que é paz e alegria no Espírito Santo, rezemos...

Todos: Coração de Jesus, atendei-nos!

Leitor: Pela nossa comunidade paroquial, suas famílias, pastorais e movimentos, para que, fortificados pela ação do Espírito de Deus, avancem para águas mais profundas, fazendo do batismo a fonte de todos os ministérios, rezemos...

Todos: Coração de Jesus, atendei-nos!

LITURGIA EUCARÍSTICA

CANTO DAS OFERENDAS

Sacerdote: Orai, irmãos e irmãs, para que este nosso sacrifício seja aceito por Deus Pai todo-poderoso...

Todos: Receba o Senhor...

Sacerdote: Ó Pai, o Espírito Santo, que de Vós procede, santifique estas nossas oferendas que vos apresentamos como fruto da terra e do trabalho do homem. Por Cristo, Nosso Senhor...

Sacerdote: O Senhor esteja convosco!

Todos: Ele está no meio de nós!

Sacerdote: Corações ao alto!

Todos: O nosso coração está em Deus!

Sacerdote: Demos graças ao Senhor, nosso Deus!

Todos: É nosso dever e nossa salvação!

PREFÁCIO

Sacerdote: Na verdade, é justo e necessário, é nosso dever e salvação, dar-vos graças, sempre e em todo o lugar, Senhor, Pai santo, Deus eterno e todo-poderoso, por Cristo, Senhor nosso. Elevado na Cruz, entregou-se por nós com imenso amor. E de seu lado aberto pela lança fez jorrar, com a água e o sangue, os sacramentos da Igreja para que todos, atraídos ao seu Coração, pudessem beber, com perene alegria, na fonte salvadora. Por essa razão, agora e sempre, nós nos unimos à multidão dos anjos e dos santos, cantando (dizendo) a uma só voz:

SANTO

ORAÇÃO EUCARÍSTICA III

Sacerdote: Na verdade, Vós sois santo, ó Deus do universo, e tudo o que criastes proclama o vosso louvor, porque, por Jesus Cristo, vosso Filho e Senhor nosso, e pela força do Espírito Santo, dais vida e santidade a todas as coisas e não cessais de reunir o vosso povo, para que vos ofereça em toda parte do nascer ao pôr do sol um sacrifício perfeito.

Todos: Santificai e reuni o vosso povo!

Sacerdote: Por isso, nós vos suplicamos: santificai pelo Espírito Santo as oferendas que vos apresentamos para serem consagradas, a fim de que se tornem o Corpo (†) e o Sangue de Jesus Cristo, vosso Filho e Senhor nosso, que nos mandou celebrar este mistério.

Todos: Santificai nossa oferenda, ó Senhor!

Sacerdote: Na noite em que ia ser entregue, Ele tomou o pão, deu graças, e o partiu e deu a seus discípulos, dizendo: TOMAI TODOS E COMEI; ISTO É O MEU CORPO QUE SERÁ ENTREGUE POR VÓS. Do mesmo modo, ao fim da ceia, Ele tomou o cálice em suas mãos, deu graças novamente e o deu a seus discípulos, dizendo: TOMAI TODOS E BEBEI: ESTE É O CÁLICE DO MEU SANGUE, O SANGUE DA NOVA E ETERNA ALIANÇA, QUE SERÁ DERRAMADO POR VÓS E POR TODOS, PARA REMISSÃO DOS PECADOS. FAZEI ISTO EM MEMÓRIA DE MIM.

Sacerdote: Eis o mistério da fé!

Todos: Salvador do mundo, salvai-nos, Vós que nos libertastes pela cruz e ressurreição.

Sacerdote: Celebrando agora, ó Pai, a memória do vosso Filho, da sua paixão que nos salva, da sua gloriosa ressurreição e da sua ascensão ao céu, e enquanto esperamos a sua nova vinda, nós vos oferecemos em ação de graças este sacrifício de vida e santidade.

Todos: Recebei, ó Senhor, a nossa oferta!

Sacerdote: Olhai com bondade a oferenda da vossa Igreja, reconhecei o sacrifício que nos reconcilia convosco e concedei que, alimentando-nos com o Corpo e o Sangue do vosso Filho, sejamos repletos do Espírito Santo e nos tornemos em Cristo um só corpo e um só espírito.

Todos: Fazei de nós um só corpo e um só espírito!

Sacerdote: Que Ele faça de nós uma oferenda perfeita para alcançarmos a vida eterna com os vossos santos: a Virgem Maria, Mãe de Deus, os vossos Apóstolos e Mártires (...) e todos os santos, que não cessam de interceder por nós na vossa presença.

Todos: Fazei de nós uma perfeita oferenda!

Sacerdote: E agora, nós vos suplicamos, ó Pai, que este sacrifício da nossa reconciliação estenda a paz e a salvação ao mundo inteiro. Confirmai na fé e na caridade a vossa Igreja, enquanto caminha neste mundo: o vosso servo o papa..., e nosso bispo..., com os bispos do mundo inteiro, o clero e todo o povo que conquistastes.

Todos: Lembrai-vos, ó Pai, da vossa Igreja!

Sacerdote: Atendei às preces da vossa família, que está aqui na vossa presença. Reuni em Vós, Pai de misericórdia, todos os vossos filhos e filhas dispersos pelo mundo inteiro.

Todos: Lembrai-vos, ó Pai, dos vossos filhos!

Sacerdote: Acolhei com bondade no vosso reino os nossos irmãos e irmãs que partiram desta vida e todos os que morreram na vossa amizade. Unidos a eles, esperamos também nós saciar-nos eternamente da vossa glória, por Cristo, Senhor nosso.

Todos: A todos saciai com vossa glória!

Sacerdote: Por Ele dais ao mundo todo bem e toda graça.

Por Cristo, com Cristo, em Cristo, a Vós, Deus Pai todo-poderoso, na unidade do Espírito

Santo, toda a honra e toda a glória, agora e para sempre.

Todos: Amém!

RITO DA COMUNHÃO

Sacerdote: Rezemos, com amor e confiança, a oração que o Senhor nos ensinou...

Todos: Pai nosso que estais nos céus, santificado seja o vosso nome; venha a nós o vosso reino, seja feita a vossa vontade, assim na terra como no céu; o pão nosso de cada dia nos dai hoje; perdoai-nos as nossas ofensas, assim como nós perdoamos a quem nos tem ofendido e não nos deixeis cair em tentação, mas livrai-nos do mal.

Sacerdote: Livrai-nos de todos os males, ó Pai, e dai-nos hoje a vossa paz. Ajudados pela vossa misericórdia, sejamos sempre livres do pecado e protegidos de todos os perigos, enquanto, vivendo a esperança, aguardamos a vinda do Cristo Salvador.

Todos: Vosso é o reino, o poder e a glória para sempre!

Sacerdote: Senhor Jesus Cristo, dissestes aos vossos Apóstolos: Eu vos deixo a paz, eu vos dou a minha paz. Não olheis os nossos pecados, mas a fé que anima vossa Igreja; dai-lhe, segundo o vosso desejo, a paz e a unidade. Vós, que sois Deus, com o Pai e o Espírito Santo.

Todos: Amém.

Sacerdote: A paz do Senhor esteja sempre convosco!

Todos: O amor de Cristo nos uniu!

Sacerdote: Como filhos e filhas do Deus da paz, saudai-vos com um gesto de comunhão fraterna!

Todos: Cordeiro de Deus, que tirais o pecado do mundo, tende piedade de nós. Cordeiro de Deus, que tirais o pecado do mundo, tende piedade de nós. Cordeiro de Deus, que tirais o pecado do mundo, dai-nos a paz.

Sacerdote: Provai e vede como o Senhor é bom; feliz de quem nele encontra seu refúgio. Eis o Cordeiro de Deus, que tira o pecado do mundo!

Todos: Senhor, eu não sou digno(a) de que entreis em minha morada, mas dizei uma palavra e serei salvo(a).

CANTO DE COMUNHÃO

ORAÇÃO DEPOIS DA COMUNHÃO

Sacerdote: Ó Deus, que este alimento da caridade nos inflame em vosso amor e, sempre voltados para o vosso Filho, aprendamos a reconhecê-lo em cada irmão. Por Cristo, nosso Senhor.

Todos: Amém.

BÊNÇÃO FINAL

Sacerdote: O Senhor esteja convosco...

Todos: Ele está no meio de nós.

Sacerdote: Abençoe-vos Deus todo-poderoso, Pai e Filho (†) e Espírito Santo.

Todos: Amém.

Sacerdote: Proclamai a todos o amor de Jesus. Ide em paz e o Senhor vos acompanhe.

Todos: Demos graças a Deus.

CANTO FINAL

CELEBRAÇÃO DA PALAVRA

RITOS INICIAIS

Animador: Minhas irmãs e meus irmãos, aqui nos reunimos na mesma fé, por isso celebremos o Sagrado Coração de Jesus: aquele Coração que nos revela o amor do Pai celeste para com seu povo! Revela-nos também o amor infinito do próprio Jesus, que por nós entrega sua vida numa cruz, a fim de que possamos viver para sempre. Coloquemo-nos, pois, em sintonia com o Sagrado Coração: celebrando a Palavra do Senhor, aceitemos o compromisso de entregar nossas vidas, para que o mundo encontre libertação e salvação. Esta é a vontade do Pai celeste.

SAUDAÇÃO

Dirigente: Sejam bem-vindos, irmãos e irmãs, a este encontro de fé e amor. Eu os acolho em nome do Pai e do Filho e do Espírito Santo.

Todos: Amém.

Dirigente: Se alguém tiver sede, venha a mim e beba, diz o Senhor. Daquele que crê em mim brotarão rios de água viva.

Todos: Doce Coração de Jesus, que tanto nos amais, fazei que vos amemos cada vez mais!

Dirigente: Eu lhes desejo que a graça de Nosso Senhor Jesus Cristo, o amor de Deus Pai e a comunhão do Espírito Santo estejam sempre com vocês.

Todos: Bendito seja Deus que nos reuniu no amor de Cristo.

ATO PENITENCIAL

Dirigente: Celebrar o Coração de Jesus é celebrar o amor, a acolhida e a misericórdia de Deus. Será que correspondemos a este amor? Arrependidos, busquemos o perdão de Deus.

Dirigente: Senhor, que viestes salvar os corações arrependidos.

Todos: Senhor, tende piedade de nós.

Dirigente: Ó Cristo, que viestes chamar os pecadores humilhados.

Todos: Cristo, tende piedade de nós.

Dirigente: Senhor, que intercedeis por nós junto a Deus Pai que nos perdoa.

Todos: Senhor, tende piedade de nós.

Dirigente: Deus todo-poderoso, tenha compaixão de nós, perdoe nossos pecados e nos conduza à vida eterna.

Todos: Amém.

ORAÇÃO

Dirigente: Ó Deus, que no Coração do vosso Filho, ferido por nossos pecados, nos concedestes infinitos tesouros de amor, fazei que lhe ofereçamos uma justa reparação consagrando-lhe toda a nossa vida. Por nosso Senhor Jesus Cristo, vosso Filho, na unidade do Espírito Santo.

Todos: Amém.

LITURGIA DA PALAVRA

Leitor: Leitura da Primeira Carta de São João (4,7-21).

Caríssimos, amemo-nos uns aos outros, porque o amor vem de Deus, e todo o que ama é nascido de Deus e conhece a Deus. Aquele que não ama não conhece a Deus, porque Deus é amor. Nisto se manifestou o amor de Deus para conosco: em ter enviado ao mundo o seu Filho único, para que vivamos por Ele. Nisto consiste o amor: não em nós termos amado a Deus, mas ter-nos amado e enviado o seu Filho para expiar os nossos pecados. Caríssimos, se Deus assim nos amou, também nós nos devemos amar uns aos outros. Ninguém jamais viu a Deus. Se nos amarmos mutuamente, Deus permanece em nós e o seu amor em nós é perfeito. Nisto é que conhecemos que estamos nele e Ele em nós, por Ele nos ter dado o seu espírito. E nós vimos e testemunhamos que o Pai enviou seu Filho como Salvador do mundo. Todo aquele que proclama que Jesus é o Filho de Deus, Deus permanece nele e ele em Deus. Nós conhecemos e cremos no amor que Deus tem para conosco. Deus é amor, e quem permanece no amor permanece em Deus e Deus nele. Nisto é perfeito em nós o amor: que tenhamos confiança no dia do julgamento, pois, como ele é, assim também nós o somos neste mundo. No amor não há temor. Antes o perfeito amor lança fora o temor, porque o temor envolve castigo, e quem teme não é perfeito no amor. Mas amamos, porque Deus nos amou primeiro. Se alguém disser: "Amo a Deus", mas odeia seu irmão, é mentiroso. Porque aquele que não ama seu irmão, a quem vê, é incapaz de amar a Deus, a quem não vê. Temos de Deus este mandamento: O que amar a Deus, ame também o seu irmão. Palavra do Senhor.

Todos: Graças a Deus.

SALMO RESPONSORIAL (Sl 100(99))

Salmista: Terra inteira aclame ao Senhor! Sirva ao Senhor com alegria e vá até Ele com gritos de júbilo.

Todos: Terra inteira aclame ao Senhor! Sirva ao Senhor com alegria e vá até Ele com gritos de júbilo.

Salmista: Saiba que somente o Senhor é Deus. Ele nos fez e somos dele. Somos seu povo e ovelhas de seu rebanho.

Todos: Terra inteira aclame ao Senhor! Sirva ao Senhor com alegria e vá até Ele com gritos de júbilo.

Salmista: Entrem por suas portas dando graças, com cantos de louvor em seus átrios, celebrem a Ele e bendigam o seu nome.

Todos: Terra inteira aclame ao Senhor! Sirva ao Senhor com alegria e vá até Ele com gritos de júbilo.

Salmista: Sim, o Senhor é bom: o seu amor é para sempre e sua fidelidade de geração em geração.

Todos: Terra inteira aclame ao Senhor! Sirva ao Senhor com alegria e vá até Ele com gritos de júbilo.

ACLAMAÇÃO AO EVANGELHO

Animador: De pé, preparemo-nos para ouvir o anúncio da Boa-nova de Jesus Cristo, pelo canto de aclamação.

CANTO

EVANGELHO

Dirigente: O Senhor esteja convosco.

Todos: Ele está no meio de nós.

Dirigente: Proclamação do Evangelho de †
Jesus Cristo escrito por João (19,31-37).

Todos: Glória a vós, Senhor.

Dirigente: O dia em que Jesus foi crucificado era o dia da preparação da Páscoa. Os judeus, para que os corpos não ficassem na cruz durante o sábado – porque esse sábado era um grande dia –, pediram a Pilatos que fossem quebradas as pernas de Jesus e dos que com Ele tinham sido crucificados, e fossem retirados da cruz. Vieram, então, os soldados e quebraram as pernas do primeiro e depois do outro que haviam sido crucificados com Ele. Chegando a Jesus e vendo-o já morto, não lhe quebraram as pernas, mas um dos soldados feriu-lhe o lado com a lança. E imediatamente saiu sangue e água. Aquele que viu dá testemunho e seu testemunho é verdadeiro; e ele sabe que diz a verdade, para que vós acrediteis, pois isto aconteceu para que se cumprisse a Escritura: "Nenhum osso lhe será quebrado". E uma outra Escritura diz ainda: "Olharão para aquele que traspassaram". Palavra da Salvação.

Todos: Glória a Vós, Senhor!

LOUVOR

Dirigente: Cheios de fé e confiança, dirijamos nossos pedidos ao Sagrado Coração de Jesus, que continua intercedendo por nós junto ao Pai.

Leitor: Por toda a Igreja, para que seja sempre no mundo um sinal de unidade, fraternidade, justiça e de paz, rezemos...

Todos: Coração de Jesus, atendei-nos!

Leitor: Pelo nosso bispo, nossos sacerdotes, diáconos permanentes, religiosos e religiosas, ministros, seminaristas e por todos os vocacionados, para que, animados pelo Espírito Santo, sejam no mundo um sinal da bondade de Deus, rezemos...

Todos: Coração de Jesus, atendei-nos!

Leitor: Pelos que recebem o dom do Espírito Santo para que, vivendo a fé e praticando a caridade, deem por sua vida testemunho de Cristo, rezemos...

Todos: Coração de Jesus, atendei-nos!

Leitor: Pelo mundo inteiro, para que todos, tendo o mesmo Criador e Pai, reconheçam-se como irmãos, sem discriminação de raça ou nação, e procurem de coração sincero o Reino de Deus, que é paz e alegria no Espírito Santo, rezemos...

Todos: Coração de Jesus, atendei-nos!

Leitor: Pela nossa comunidade paroquial, suas famílias, pastorais e movimentos, para que, fortificados pela ação do Espírito de Deus, avancem para águas mais profundas, fazendo do batismo a fonte de todos os ministérios, rezemos...

Todos: Coração de Jesus, atendei-nos!

RITO DA COMUNHÃO

Dirigente: Rezemos, com amor e confiança, a oração que o Senhor nos ensinou...

Todos: Pai nosso que estais nos céus, santificado seja o vosso nome; venha a nós o vosso reino, seja feita a vossa vontade, assim na terra como no céu; o pão nosso de cada dia nos dai hoje; perdoai-nos as nossas ofensas, assim como nós perdoamos a quem nos tem ofendido e não nos deixeis cair em tentação, mas livrai-nos do mal.

Dirigente: Livrai-nos de todos os males, ó Pai, e dai-nos hoje a vossa paz. Ajudados pela vossa misericórdia, sejamos sempre livres do pecado e protegidos de todos os perigos, enquanto, vivendo a esperança, aguardamos a vinda do Cristo Salvador.

Todos: Vosso é o reino, o poder e a glória para sempre!

Dirigente: Senhor Jesus Cristo, dissestes aos vossos Apóstolos: Eu vos deixo a paz, eu vos dou a minha paz. Não olheis os nossos pecados, mas a fé que anima vossa Igreja; dai-lhe, segundo o vosso desejo, a paz e a unidade. Vós, que sois Deus, com o Pai e o Espírito Santo.

Todos: Amém.

Dirigente: A paz do Senhor esteja sempre convosco!

Todos: O amor de Cristo nos uniu!

Dirigente: Como filhos e filhas do Deus da paz, saudai-vos com um gesto de comunhão fraterna!

Dirigente: Provai e vede como o Senhor é bom; feliz de quem nele encontra seu refúgio. Eis o Cordeiro de Deus, que tira o pecado do mundo!

Todos: Senhor, eu não sou digno(a) de que entreis em minha morada, mas dizei uma palavra e serei salvo(a).

CANTO DE COMUNHÃO

ORAÇÃO DEPOIS DA COMUNHÃO

Dirigente: Ó Deus, que este alimento da caridade nos inflame em vosso amor e, sempre voltados para o vosso Filho, aprendamos a reconhecê-lo em cada irmão. Por Cristo, nosso Senhor.

Todos: Amém.

BÊNÇÃO FINAL

Sacerdote: O Senhor esteja convosco...

Todos: Ele está no meio de nós.

Dirigente: O Deus de toda consolação vos livre sempre das adversidades e derrame sobre vós as suas bênçãos!

Todos: Amém!

Dirigente: Torne vossos corações atentos à sua Palavra, a fim de que transbordeis de alegria divina!

Todos: Amém!

Dirigente: Abençoe-vos Deus todo-poderoso, Pai e Filho (†) e Espírito Santo.

Todos: Amém.

Dirigente: Proclamai a todos o amor de Jesus. Ide em paz e o Senhor vos acompanhe.

Todos: Demos graças a Deus.

CANTO FINAL

OFERECIMENTO DIÁRIO AO SAGRADO CORAÇÃO

A devoção ao Coração de Jesus tornou-se uma das devoções mais queridas, incentivando a piedade eucarística. Sua espiritualidade despertou o amor pelo Pai que ama, espera e perdoa. Concedei, ó Deus, que, alegrando-nos pela invocação do Coração do vosso Filho, meditemos as maravilhas de seu amor, e possamos receber desta fonte de vida uma torrente de graças. Que o nosso coração seja fonte de todos os bons sentimentos. Que nosso coração possa assemelhar-se ao Coração do Filho de Deus.

ORAÇÃO

Deus, nosso Pai, eu te ofereço todo o dia de hoje: minhas orações e obras, meus pensamentos e palavras, minhas alegrias e sofrimentos, em reparação de nossas ofensas, em união com o Coração de teu Filho Jesus, que continua a oferecer-se a ti, na Eucaristia, pela salvação do mundo. Que o Espírito Santo, que guiou a Jesus, seja meu guia e meu amparo neste dia, para que eu possa ser testemunha do teu amor. Com Maria, Mãe de Jesus e da Igreja, rezo especialmente pelas intenções do Santo Padre para este mês...

- *Fazer a intenção universal (mensal).*

- *Fazer a intenção missionária (mensal).*

AS DOZE PROMESSAS DO SAGRADO CORAÇÃO

A devoção ao Sagrado Coração de Jesus cresceu com São João Eudes e passou de uma devoção particular ao culto público. Pregava uma retribuição ao divino amor com adoração e bênção, louvor e arrependimento, ação de graças e espírito de reparação. Impulsos mais fortes vieram com as visões e revelações de Santa Margarida Maria Alacoque. Para ela o amor de Deus, sempre misericordioso e fiel, era ultrajado e desconhecido. O ato de reparação deve opor-se ao pecado e colocar-se a serviço do amor. Suas visões determinaram a forma da crescente devoção. Diante da ingratidão e do abandono, a atitude de reparação, a comunhão nas primeiras sextas-feiras, a dor pelos pecados.

1 – Almas dedicadas ao Coração de Jesus. As visões e revelações de Santa Margarida Maria Alacoque muito incentivaram a devoção ao Sagrado Coração. Para ela, o amor fiel e misericordioso de Deus é desconhecido por muitos. E dizia: "Eis o coração que tanto amou as pessoas e delas só recebe ingratidões". Ensina-nos a primeira promessa do Sagrado Coração a Santa Margarida Maria: "darei às almas dedicadas ao meu Coração todas as graças necessárias ao seu estado". Para recebermos as graças precisamos aprender a confiar. A confiança é uma atitude de entrega. Confie no Sagrado Coração de Jesus!

2 – No Coração de Jesus reina a paz. A segunda promessa do Sagrado Coração a Santa Margarida Maria Alacoque nos ensina: "farei reinar a paz em suas famílias". A paz brota do Coração de Jesus que deve reinar em todos os corações (Cl 3,15). É Jesus, a nossa paz. Por Ele, com Ele, nele, buscamos encontrar forças para que a paz reine e triunfe em nossos corações. Disse Jesus: "é de dentro do coração humano que saem as más intenções, roubos, assassinatos, adultérios, ambições, competições, maldades, inveja, calúnia, orgulho" (Mt 8,21-23). Que Jesus domine o nosso coração, reine em nosso coração, esteja presente em cada coração, para que desperte sentimentos de paz.

3 – Consolado pelo Divino Coração. A terceira promessa do Sagrado Coração a Santa Margarida Maria Alacoque nos ensina: "eu te consolarei em suas penas". A confiança é uma atitude de entrega. Na vida existem momentos que precisamos confiar plenamente, mesmo que o nosso interior alimente dúvidas. É preciso destruir as incertezas e readquirir a confiança. Tudo na vida nós conseguimos alcançar com luta e perseverança. Precisamos encontrar possibilidades e fazer o melhor possível para aproveitá-las. Somente assim conseguimos enfrentar os obstáculos do caminho e alcançar com sucesso o seu objetivo. Que o Sagrado Coração de Jesus nos console em todas as nossas angústias e aflições.

4 – No Coração de Jesus encontramos refúgio. A quarta promessa do Sagrado Coração a Santa Margarida Maria Alacoque nos ensina: "serei seu refúgio seguro durante a vida e, sobretudo, na hora da morte". Há uma fé e temos que agarrá-la. Há uma esperança e temos que alimentá-la. A vida nos foi dada para buscar a Deus, a morte para encontrá-la e a eternidade para estarmos na sua companhia. Quando nascemos, fazemos a experiência de morte: deixamos o mundo do ventre de nossa mãe. Quando morremos, fazemos a experiência de vida: deixamos o mundo presente e nascemos para Deus. A morte não é a maior perda da vida. A maior perda é o que morre dentro de nós enquanto vivemos.

5 – Pelo Sagrado Coração, recebemos bênçãos. A quinta promessa do Sagrado Coração a Santa Margarida Maria Alacoque nos ensina: "derramarei copiosas bênçãos sobre todos os seus trabalhos". Na vida não devemos desanimar, mesmo sentindo ventos contrários. Não devemos perder o equilíbrio diante dos obstáculos. Não devemos crer que nossos trabalhos sejam improdutivos. Não percamos a vontade de doar o imenso amor que existe em nossos corações, mesmo sabendo que, muitas vezes, ele será rejeitado. Devemos confiar nas bênçãos que nos são derramadas, diariamente, pelo Coração do Filho de Deus, que nos tornou discípulos de seu amor e trabalhadores do seu Reino de amor e paz.

6 – Coração de Jesus, refúgio dos pecadores. A sexta promessa do Sagrado Coração a Santa Margarida Maria Alacoque nos ensina: "os pecadores acharão em meu Coração a fonte e o oceano infinito de misericórdia". Todos os corações nobres têm algo em comum: a misericórdia. Ela nos torna verdadeiramente humanos e divinos. Quem se compadece dos outros, de si próprio se lembra. A compaixão se manifesta por atos e nela é essencial a bondade. Compadecer-se nos sofrimentos é tentar resolver as contrariedades da vida. A compaixão é a misericórdia que se inclina sobre a miséria e é reconhecida através das atitudes e bons gestos. No Coração de Jesus, os pecadores encontram refúgio.

7 – Fervorosos no Coração de Jesus. A sétima promessa do Sagrado Coração a Santa

Margarida Maria Alacoque nos ensina: "as almas tíbias se tornarão fervorosas". É o nosso coração que precisa ser sempre e de novo bem-alimentado. Como o alimento, do qual o nosso corpo necessita. Peçamos, de coração, a Jesus, para que Ele fortaleça a nossa fé, fortifique o nosso coração e faça com que todos possamos ser guiados pela sua Palavra que nos traz ajuda, consolo e esperança. Que o nosso coração seja sempre fonte de todos os bons sentimentos, que o coração humano possa assemelhar-se ao Coração do Filho de Deus, do qual, jorrando sangue e água, alcançou-nos a salvação.

8 – Perfeição no Sagrado Coração. A oitava promessa do Sagrado Coração a Santa Margarida Maria Alacoque nos ensina: "as almas fervorosas serão elevadas rapidamente a uma grande perfeição". Quando o coração humano torna-se semelhante ao Coração de Jesus todas as atitudes são mudadas. As pessoas decaem ou se engrandecem pelas próprias atitudes. Elas manifestam o nosso interior. Para falar ao vento bastam palavras e para falar ao coração são necessárias boas atitudes. Não são os lábios que dizem o que alguém é, mas são as mãos. Mil vezes uma atitude do que milhares de palavras. Sem a ação das mãos, toda palavra não tem espírito, toda palavra soa sem eco e sem resposta.

9 – Casas abençoadas pelo Sagrado Coração. A nona promessa do Sagrado Coração a Santa Margarida Maria Alacoque nos ensina: "abençoarei as casas em que se achar exposta e for venerada a imagem do meu Coração". A fé constrói pontes. Ela é caminho seguro. Aquele que tem fé nunca está só. Crer em Jesus significa também crer no mundo, crer na vida, na felicidade. Uma vez firmados na fé, nada mais nos pode enganar. É da fé que extraímos a doçura da vida, o sabor do sagrado, o sentido da existência. É a fé que nos oferece o desejo da eternidade. Para a construção de uma casa precisamos colocar o fundamento. Coloquemos na devoção ao Sagrado Coração a base de nossa fé e confiança.

10 – Corações tocados pelo amor. A décima promessa do Sagrado Coração a Santa Margarida Maria Alacoque nos ensina: "Darei aos sacerdotes que praticarem especialmente essa devoção o poder de tocar os corações mais duros". Bem-aventurado o empregado fiel e prudente (Mt 24,46). Bem-aventurados aqueles que colocarem em prática todas essas coisas (Lc 13,17). Bem-aventurados os que suportam com paciência as provações (Tg 1,12). Bem-aventurados os que sofrem por causa da justiça (1Pd 3,14). Bem-aventurados os que escutam e praticam o que está escrito (Ap 1,3). Bem-aventurados os que guardam a Palavra (Ap 22,7). Bem-aventurados os que acreditam sem terem visto (Jo 20,29).

11 – Nomes gravados no Coração. A décima primeira promessa do Sagrado Coração a Santa Margarida Maria Alacoque nos ensina: "as pessoas que propagarem esta devoção terão seus nomes inscritos no meu Coração". A promessa de termos nossos nomes gravados no Coração do Filho de Deus é motivo de alegria e compromisso, sentindo-nos gratos. Ser devoto do Coração de Jesus é sentir-se um agradecido discípulo-missionário. Gratidão é reconhecer um favor e retribuir com devoção. Ela é honra para quem a recebe, mas também para quem a pratica de coração aberto. Toda pessoa agradecida está certa de que seu coração não será jamais uma ilha solitária, nem será esquecido.

12 – Perseverantes no amor do Divino Coração. A décima segunda promessa do Sagrado Coração a Santa Margarida Maria Alacoque nos ensina: "o amor todo-poderoso do meu Coração concederá a graça da perseverança final a todos os que comungarem na primeira sexta-feira do mês por nove meses seguidos". O pão consagrado, com o qual o Senhor nos alimenta é o pão do céu, mediante o qual Ele se entrega a si mesmo. Ele é o pão dos fracos, pobres e necessitados. Comer o pão é entrar em comunhão com o Senhor vivo, é deixar-se penetrar pela sua vida. A finalidade da comunhão é identificar a nossa vida com a sua, a nossa transformação e conformação com Aquele que é amor e partilha.

RITO DE ENTRONIZAÇÃO DA IMAGEM DO SAGRADO CORAÇÃO NAS CASAS

RITOS INICIAIS

Dirigente: Em nome do Pai e do Filho e do Espírito Santo.

Todos: Amém.

Dirigente: A graça e a paz da parte de Deus Pai e de Nosso Senhor Jesus Cristo, que é a imagem do Deus invisível, estejam convosco.

Todos: Bendito seja Deus que nos reuniu no amor de Cristo.

Dirigente: Irmãos e irmãs, para todos nós é motivo de alegria abençoar e entronizar nesta casa a imagem do Sagrado Coração de Jesus. Esta imagem sagrada deverá, em primeiro lugar, lembrar-nos que Cristo é a imagem visível do Deus invisível; o Filho eterno de Deus que veio ao seio da Virgem é sinal e sacramento de Deus Pai. Ele disse, com efeito: "Quem me vê, vê o Pai". Ao venerarmos, portanto, esta imagem, levantemos os nossos olhos a Cristo, que reina para sempre com o Pai e o Espírito Santo.

LEITURA DA PALAVRA DE DEUS
(Cl 1,12-20)

Leitor: Da Carta de São Paulo aos Colossenses: agradecei a Deus Pai, que vos tornou capazes de participar da herança dos santos no reino da luz. Que nos livrou do poder das trevas e transportou ao reino do seu Filho amado, no qual temos a redenção, a remissão dos pecados. Ele é a imagem do Deus invisível, primogênito de toda criatura; porque nele foram criadas todas as coisas, nos céus e na terra, as visíveis e as invisíveis: tronos, dominações, principados, potestades, tudo foi criado por Ele e para Ele. Ele é antes de tudo e tudo subsiste nele. Ele é a cabeça do corpo da Igreja; Ele é o princípio, o primogênito dos mortos, para ter a primazia de todas as coisas. Aprouve a Deus fazer habitar nele a plenitude e por Ele reconciliar tudo para

Ele, pacificando pelo sangue de sua cruz todas as coisas: as da terra como as do céu. Palavra do Senhor.

Todos: Amém.

(Se oportuno, o dirigente poderá dizer algumas palavras)

PRECES

Dirigente: Oremos a Deus Pai, que nos amou desde toda eternidade e nos concedeu pelo Coração de seu Filho Jesus todas as bênçãos do céu e da terra, e lhe digamos...

Todos: Fazei, Senhor, nosso coração semelhante ao de vosso Filho.

Leitor: Pai, o vosso Filho é a infinita sabedoria e a suprema verdade. Fazei-nos conhecê-lo, cada vez mais, e realizar mais estreitamente nossa união com Ele, rezemos...

Todos: Fazei, Senhor, nosso coração semelhante ao de vosso Filho.

Leitor: Pai, enviando à terra o vosso Filho, Vós o inundastes com o orvalho da exultação. Alegrai o nosso coração com a presença de Cristo, rezemos...

Todos: Fazei, Senhor, nosso coração semelhante ao de vosso Filho.

Leitor: Pai, Vós ungistes a Cristo como sacerdote e profeta. Fazei que Ele encontre em nós vítimas agradáveis, servos fiéis e discípulos dedicados, rezemos...

Todos: Fazei, Senhor, nosso coração semelhante ao de vosso Filho.

Leitor: Pai, quisestes que Cristo fosse nosso mestre, manso e humilde de coração. Concedei-nos aprender dele com docilidade a bondade e a mansidão, rezemos...

Todos: Fazei, Senhor, nosso coração semelhante ao de vosso Filho.

Leitor: Pai, convosco reconciliastes todas as coisas, pelo sangue da cruz de Cristo. Fazei-nos realizadores da concórdia e da paz, rezemos...

Todos: Fazei, Senhor, nosso coração semelhante ao de vosso Filho.

Leitor: Pai, quisestes por inefável desígnio da providência que o nosso Salvador pendesse do madeiro e de seu coração aberto jorrasse sangue e água. Associai-nos à sua morte a fim de tornar-nos participantes de sua ressurreição, rezemos...

Todos: Fazei, Senhor, nosso coração semelhante ao de vosso Filho.

Dirigente: Pai, estes são os nossos pedidos e os fazemos em nome de vosso Filho Jesus, na unidade do Espírito Santo.

Todos: Amém.

ORAÇÃO DA BÊNÇÃO

Dirigente: Nós vos bendizemos, Pai amantíssimo do gênero humano, que enviastes ao mundo vossa Palavra para que, assumindo da Virgem a humanidade, se tornasse nosso Salvador e irmão primogênito, a nós semelhante em tudo, exceto no pecado. Vós nos destes em Cristo o supremo modelo de santidade: a Igreja, contemplando sua face, vê o rosto de vossa bondade, e, recebendo de sua boca palavras de vida, enche-se da vossa sabedoria; buscando o íntimo do amor de seu coração, ela se inflama no fogo de amor do Espírito; vendo-o banhado em sangue divino, venera este sangue precioso em que ela própria se purifica. Nós vos rogamos que todos, ao venerarem a imagem do Coração de vosso Filho, sintam sua presença. Pai, que o vosso Filho seja para todos o caminho, por onde chegam até vós; a verdade, que ilumina os corações; a vida e o alimento de suas vidas. Que vive e reina para sempre.

Todos: Amém.

(Ou também pode ser usada esta oração)

Dirigente: Ó Deus, que habitais a luz inacessível e nos amastes com amor tão grande que, invisível, vos mostrastes a nós visível em Cristo e no seu Sagrado Coração, olhai com bondade estes vossos filhos que prepararam esta imagem do vosso Filho, e concedei que eles também se transformem naquele, cuja imagem veneram. Que vive e reina para sempre.

Todos: Amém.

(Depois da oração da bênção, o dirigente asperge a imagem com água-benta)

CONCLUSÃO DO RITO

Dirigente: A paz de Deus, que excede a todos os sentidos guarde os vossos corações e as vossas inteligências na ciência e no amor de Deus e do seu Filho, nosso Senhor Jesus Cristo.

Todos: Amém.

Dirigente: Abençoe-vos Deus todo-poderoso, Pai e Filho e Espírito Santo.

Todos: Amém.

(É louvável terminar o rito com um canto apropriado)

BÊNÇÃO DAS FITAS (MEDALHAS) E RECEPÇÃO DOS NOVOS ASSOCIADOS DO SAGRADO CORAÇÃO

RITO BREVE

Dirigente: Manifestai, Senhor, a vossa misericórdia.

Todos: E dai-nos a vossa salvação.

Dirigente: Bendito sois, Senhor, fonte e origem de toda bênção, pois vos alegrais com o vigor da piedade dos fiéis; permanecei ao lado deles e concedei que eles usem estes sinais de fé e piedade para transformar-se na imagem do vosso Filho. Que vive e reina para sempre.

Ou

Dirigente: Que o Senhor sustente e confirme com sua bênção a piedosa oferenda da tua devoção e te conceda percorrer, sem obstáculos, a vida presente e alcançar a felicidade eterna. Por Cristo, nosso Senhor.

Todos: Amém.

(Abençoa os sinais com água-benta)

Ao receber a fita: Jesus, perfeita imagem do Pai, aperfeiçoa a minha fé. Divino Coração, humilde e obediente, fortalece a minha devoção. Luz que vence as trevas: acolhe e amadurece o meu testemunho. Sagrado Coração de Jesus, desperta e cultiva a minha filial piedade. Testemunha do Pai: encoraja a nossa entrega. Coração de Jesus, bênção do céu: transforma o meu coração.
Fonte de água viva: purifica os meus desejos. Cordeiro glorificado, Rei e centro de todos os corações: ilumina a minha vida. Caminho que leva ao Pai: guarda os meus passos. Jesus, vencedor da morte: guarda minha fé e esperança na vida eterna. Amém.

Ou

Sagrado Coração de Jesus, peço-te um coração semelhante ao teu. Acredito que só teu amor pode reanimar minha esperança. És manso e humilde, tens um jugo suave. Quero sentir teu coração pulsando no meu. Quero aprender a viver no exemplo de tua misericórdia. Buscar assemelhar-me a ti é meu esforço pessoal. Aceita minhas mãos ainda vazias e meu coração hesitante. Sem tua graça todo esforço é vão, toda esperança desilude. Doce Coração de Jesus, que eu possa amar-te cada vez mais. Assim seja!

Ou

Concede-me, ó Deus, que, alegrando-me pela invocação do Coração do teu Filho, medite as maravilhas de teu amor, e possa receber desta fonte de vida, uma torrente de graças. No Coração de Jesus, ferido por meus pecados, me é concedida a maior prova de amor. Que eu possa oferecer uma justa reparação, consagrando toda a minha vida. Elevado na cruz entregou-se em seu imenso amor; e de seu lado aberto fez jorrar, com a água e o sangue, os sacramentos da Igreja, para que, atraídos ao seu Coração, pudéssemos beber com perene alegria na fonte salvadora. Que eu aprenda a reconhecê-lo em cada irmão. Assim seja!

Ou

Divino Coração, permanece ao meu lado em todos os momentos. Concede-me coragem e disposição nas dificuldades, sofrimentos e contrariedades. Abençoa-me, meu consolo, força e auxílio. Protege com ternura e bondade a minha vida. Atende minhas preces e derrama imensos benefícios sobre mim.
Graças te dou, porque minhas aflições não podem ser maiores do que o teu consolo, e meus pecados maiores do que a tua graça. Graças te dou, porque na minha aflição não serei esquecido. Teu coração amoroso seja meu auxílio em minhas invocações. Amém.

Ou

Coração de Jesus, quanto és bondoso para comigo, pobre pecador, e quanto me amais. Jesus, o teu Coração é puro e santo. Assim seja transformado o meu coração. O teu Coração é manso e humilde. Assim seja transformado o meu coração. O vosso Coração está desapegado de tudo. Por teu amor, renunciarei às minhas vontades e desejos. Tua bondade ama todas as almas e a todas quer salvar. Aumenta em meu coração este mesmo amor e o desejo de salvação. Teu Coração é vítima que se sacrifica como hóstia imolada; faz de mim o que te aprouver. Assim seja.

ORAÇÕES AO IMPOR A FITA SOBRE OS OMBROS

1 – Bondoso Coração de Jesus

Senhor, ao teu coração misericordioso eu quero agradecer. Sou membro da tua Igreja, com a missão de dilatar o teu reino neste mundo. Igreja banhada com o teu sangue e nascida do teu amor e tua oferta na cruz. Que eu procure amá-la com zelo e dedicação. Muitos necessitam de minhas orações e sacrifícios para chegar ao conhecimento da verdade e do amor. Para a salvação de muitos e para a conversão do mundo, ofereço tudo o que tenho em minha vida de cada dia. Um contínuo apostolado de trabalhos, orações e sacrifícios. Sei que a messe é grande e poucos são os trabalhadores. Sagrado Coração de Jesus, em ti confio, espero e quero servir. Assim seja!

2 – Eu acredito e confio

Divino Coração, eu acredito e confio no amor que o Pai tem para comigo. Acolho o teu convite: "Vinde e aprendei de mim que sou manso e humilde de coração". Teu coração humano e divino revela o mistério da bondade do Pai, convida à conversão, dá paz e esperança. O teu coração é sinal de convite: nele contemplo o segredo de tua pessoa, e não posso ficar indiferente diante de tua solicitude pelos famintos, doentes e pecadores. Destes a vida em obediência ao Pai, e por amor da humanidade. Rezastes e morrestes pela união entre todos. Teu caminho é também o meu caminho. Meu coração seja semelhante ao teu. Amém.

3 – Pela invocação do teu Coração

Jesus, que eu possa, pela invocação do teu Coração, meditar as maravilhas de teu amor. Receba desta fonte de vida uma torrente de graças. No teu Coração, ferido por meus pecados, me concedestes infinitos tesouros de amor. Que eu te ofereça uma justa reparação, consagrando-te toda a minha vida. Do teu lado aberto fizestes jorrar, com a água e o sangue, os sacramentos da Igreja, para que eu possa, atraído ao teu Coração, beber com perene alegria dessa fonte salvadora. Assim seja!

4 – Divino Coração

Divino Coração, em ti eu coloco a minha confiança, cuja promessa eu proclamo e exalto. Da aflição livra a minha vida, e da queda preserva os meus pés, para que eu caminhe em segurança. Ergues os fracos e abatidos, amparas os desanimados, sustentas os que vacilam, curas os que enfrentam temores, proteges os que passam por provações. Guarda-me ó Divino Coração. Não deixes meu coração inclinar-se ao mal. Livra-me da tribulação e dá-me tua consolação. Amém.

5 – Quero pertencer e viver unido a ti

Sagrado Coração, sou teu e quero pertencer e viver unido a ti. Eu me consagro ao teu Coração de misericórdia. Muitos não te conhecem. Muitos desprezam os teus mandamentos e te ignoram. Tem piedade de uns e de outros. Reine teu amor e tua bondade sobre todos. Reine nos corações mais endurecidos. Que todos encontrem a mansidão do teu Coração. Concede paz e serenidade às nossas famílias. Louvado seja o Coração Divino, que nos trouxe a salvação. A ele honra e glória. Amém.

ORAÇÕES PARA DEPOIS DA COMUNHÃO NAS PRIMEIRAS SEXTAS-FEIRAS

1 – Ao derramar o teu sangue

Coração de Jesus, ao derramar o teu sangue na cruz, te ofereces inteiramente a mim na Sagrada Eucaristia. Nela e por ela te ofereces ao Pai para a conversão dos pecadores, para a santificação dos justos e para o bem da Igreja. Desejando corresponder aos desígnios de teu Coração cheio de amor, quero consagrar-me a ti. Desejo viver da tua vida, unindo minhas orações, trabalhos, sofrimentos e alegrias à tua oblação eucarística, para dilatar o teu Reino no coração de todos. Aceita este oferecimento que te faço, pelo Coração Imaculado de Maria, e concede-me, por sua intercessão, a graça de cumpri-lo fielmente, até o último momento de minha vida. Assim seja!

2 – Coração de Jesus que ardes de amor

Coração de Jesus, que ardes de amor para com o Pai e para comigo, eu te adoro, te amo e quisera consumir-me de amor e de reconhecimento diante de ti. Não quero mais viver senão de ti, por meio de ti e por ti. Coração amável, santo e perfeito, eu te amo de todo o meu coração, com toda a minha alma e com todas as minhas forças. Coração sacratíssimo de Jesus que me amas tanto; de minha parte, quero te amar, com todo o meu ser. Coração ferido do Senhor, muitos vivem sem amor e feridos em sua dignidade. Quero, por amor a ti, amar os meus irmãos e assisti-los em suas necessidades. Assim seja!

3 – Eu quero bendizer e louvar

Coração de Jesus, eu quero bendizer e louvar pelas imensas graças, virtudes e dons derramados pelo Espírito Santo. Consagro todos os dias e, em particular, o de hoje. Quero escolher-te, hoje e para sempre, como centro e rei de meu coração, a quem só quero amar, honrar e servir. No teu Coração, entrego todas as minhas esperanças e consolações. Recomendo, ó Coração amoroso, os aflitos e atribulados, doentes e hospitalizados. Por eles, ofereço minhas orações e sacrifícios. Amém.

4 – Eu te adoro como meu Deus e Senhor

Sagrado Coração de Jesus, eu te adoro como meu Deus e Senhor. Eu te louvo e bendigo por todas as graças e dons que já recebi do teu misericordioso Coração. Eu te peço perdão pelas minhas infidelidades em te amar. Contudo, confiando em tua misericórdia, atendendo ao teu convite: "vinde a mim todos que estais aflitos e cansados e eu vos aliviarei", imploro, com confiança, novas graças. Sei que o teu Coração é fonte perene de vida e santidade. Suplico-te atender aos pedidos que te faço, pois és misericordioso para com todos que te invocam. Assim seja.

5 – Pela invocação do Coração

Ó Deus, alegrando-me pela invocação do Coração do teu Filho, medite as maravilhas de teu amor. No Coração do teu Filho, ferido por meus pecados, me concedes infinitos tesouros de amor. Que eu ofereça uma justa reparação, consagrando toda a minha vida. Elevado na cruz, o Coração de teu Filho entregou-se por mim em seu imenso amor. De seu lado aberto jorrou, com a água e o sangue, os sacramentos da Igreja, para que todos, atraídos ao seu Coração, bebessem com perene alegria na fonte salvadora. Concedei-me que, sempre voltado para o teu Filho, aprenda a reconhecê-lo em cada irmão. Amém.

ORAÇÕES AO SAGRADO CORAÇÃO

01 - ATO DE FÉ

Senhor Jesus Cristo, eu creio que Vós estais presente no meu coração, com vosso corpo, sangue, alma e divindade. Creio tão firmemente, como se eu o visse com meus próprios olhos.

Creio que Vós sois a Videira. Creio que Vós sois a Água Viva. Creio que Vós sois o Pão da Vida. Creio que vós sois a Ressurreição e a Vida.

Creio que Vós sois o Bom Pastor. Creio que Vós sois a Porta. Creio que Vós sois o Caminho, a Verdade e a Vida. Creio que Vós sois manso e humilde de Coração.

02 - ATO DE AGRADECIMENTO

Ó meu Jesus, eu vos agradeço de todo o coração porque viestes habitar dentro de minha alma. Compreendo, Senhor, a grandeza e sublimidade da minha vocação para o apostolado.

Eu vos agradeço porque me quisestes cooperador, cooperadora, na vossa obra de redenção do mundo. Que eu saiba amar sempre mais essa vocação, correspondendo com todo o meu esforço à missão que devo realizar com e na vossa Igreja.

03 - ATO DE OFERECIMENTO

Ó meu Jesus, Vós vos destes a mim e eu me dou todo a Vós. Ofereço-vos meu coração e minha alma, e vos consagro toda a minha vida. Compreendo o oferecimento do dia, como uma oferta de todos os trabalhos, sofrimentos e alegrias.

Seja, aos olhos do Pai, uma oração contínua, unida ao Coração do Salvador, para a santificação do mundo e reparação das suas culpas. Rezando a sua vida, vosso Coração realizou a missão redentora.

Rezando a minha vida de cada dia para a glória do Pai, irei sempre mais fazer apostolado, participando assim da vossa missão.

04 - ATO DE CONFIANÇA

Senhor, Vós sois o Caminho, a Verdade e a Vida. Vós sois o verdadeiro caminho que nos leva ao Pai. Por mais duro que seja o caminho, fazei com que eu ande. Quero seguir-vos até a cruz.

Vinde, tomai minha mão. "Sem mim nada podeis fazer": esse foi, Senhor, o aviso que, um dia, quisestes dar aos apóstolos. E nós o recebemos também, com toda humildade, reconhecendo que, sem a força do alto, nada poderemos realizar pelo Reino.

Por isso, hoje, vos pedimos: que vossa presença nos ilumine nos trabalhos e vossa Palavra nos dê a perseverança. Amém.

05 - EIS-ME AQUI, JESUS

Aqui me encontro, meu bom Jesus! De joelhos me prostro em vossa presença, e vos peço e suplico, com todo o fervor de minha alma, que vos digneis gravar no meu coração os mais vivos sentimentos de fé, esperança e caridade.

Verdadeiro arrependimento de meus pecados e firme propósito de emenda, enquanto por mim próprio considero e em espírito contemplo com grande afeto e dor as vossas cinco chagas, tendo presentes as palavras: "Transpassaram minhas mãos e meus pés; contaram todos os meus ossos".

06 - DULCÍSSIMO JESUS

Dulcíssimo Jesus, Redentor do gênero humano, lançai sobre nós que, humildemente, estamos prostrados diante do vosso altar, os vossos olhares.

Nós somos e queremos ser vossos, a fim de podermos viver mais intimamente unidos a Vós, cada um de nós se consagra neste dia ao vosso Sagrado Coração.

Muitos há que nunca vos conheceram. Muitos desprezando os vossos mandamentos vos renegaram. Jesus, tende piedade de uns e de outros e trazei-os todos ao vosso Sagrado Coração. Senhor, sede rei não somente dos fiéis que nunca de Vós se afastaram, mas também dos filhos pródigos que vos abandonaram, fazei que estes retornem o quanto antes à casa paterna, para não perecerem de miséria e de fome.

Sede rei de todos aqueles que estão sepultados nas trevas do erro, e não recuseis conduzi-los à luz e ao Reino de Deus. Volvei, enfim, um olhar de misericórdia para com todos.

Senhor, conservai a vossa Igreja e dai-lhe liberdade segura.

Concedei ordem e paz a todos os povos. Louvado seja o Coração Divino, que nos trouxe a salvação, honra e glória a Ele por todos os séculos dos séculos. Amém.

07 - AO CORAÇÃO DE JESUS

Coração de Jesus, Palavra Eterna, eu te adoro. Coração de Jesus, Amor do Pai, eu te adoro. Coração de Jesus, Filho de Maria, eu te adoro. Coração de Jesus, irmão dos pobres, eu te adoro.

Coração de Jesus, Bom Pastor, eu te adoro. Coração de Jesus, Porta do Reino, eu te adoro. Coração de Jesus, Luz do Mundo, eu te adoro. Coração de Jesus, Caminho, Verdade e Vida, eu te adoro.

Coração de Jesus, fonte de água viva, eu te adoro. Coração de Jesus, Palavra de Vida, eu te adoro. Coração de Jesus, fiel amigo, eu te adoro. Coração de Jesus, bondoso e humilde, eu te adoro.

Coração de Jesus, ternura e paz, eu te adoro. Coração de Jesus, perdão e cura, eu te adoro. Coração de Jesus, união fraterna, eu te adoro. Coração de Jesus, vivo e ressuscitado, eu te adoro.

Coração de Jesus, mestre dos apóstolos, eu te adoro. Coração de Jesus, força dos mártires, eu te adoro. Coração de Jesus, nossa esperança, eu te adoro. Coração de Jesus, paz do coração, eu te adoro.

08 – CONSAGRAÇÃO AO SAGRADO CORAÇÃO

Dulcíssimo Coração de Jesus, quero testemunhar os meus sentimentos de amor, reconhecimento e dedicação. Possuído de santa alegria, quero bendizer e louvar pelas imensas graças, virtudes e dons que o Espírito Santo em mim derramou.

Ó Coração Sacrossanto, consagro todos os dias deste mês e em particular o presente.

Quero escolher-vos, hoje e para sempre, como centro e rei do meu coração, a quem só quero amar, honrar e servir.

Ao vosso Coração entrego todas as minhas esperanças e consolações. A Vós seja entregue toda a minha vida. Também recomendo-vos, ó Coração amoroso, a vossa Igreja, o Santo Padre, nosso Bispo, todos os sacerdotes, benfeitores e amigos, todos os aflitos e atribulados.

Trindade Santíssima, ofereço-vos o Sagrado Coração de Jesus, Divino Salvador, com toda a abundância de graças e virtudes, de que ele é a fonte inesgotável; vo-lo apresento, assim como o mesmo Coração Divino se vos oferece, a cada momento e, principalmente, no momento da Santa Eucaristia.

09 - ORAÇÃO AO SAGRADO CORAÇÃO

Ó Coração infinitamente generoso de Jesus, meu Salvador, Vós, não contente com derramar o vosso sangue na cruz, vos dais inteiramente a nós, na Sagrada Eucaristia, na qual vos estais sempre oferecendo a vosso eterno Pai, para a conversão dos pecadores, para a santificação dos justos e para o bem da santa Igreja.

Desejando eu corresponder aos desígnios de vosso Coração cheio de amor, venho, hoje, consagrar-me inteiramente a vós. Desejo viver intimamente da vossa vida, unindo minhas orações, trabalhos, sofrimentos e alegrias, à vossa oblação eucarística, para dilatar o vosso Reino, no coração dos homens e na vida pública das nações.

Dignai-vos, pois, aceitar este oferecimento que vos faço, pelo Coração Imaculado de Maria, vossa Mãe, e concedei-me, por sua intercessão, a graça de cumpri-lo fielmente, até o último momento de minha vida. Assim seja!

10 - OFERECIMENTO DO DIA

Ofereço-vos, ó meu Deus, em união com o Santíssimo Coração de Jesus, por meio do Coração Imaculado de Maria, as orações, obras, sofrimentos e alegrias deste dia, em reparação de nossas ofensas, e por todas as intenções pelas quais o mesmo Divino Coração está continuamente intercedendo e sacrificando-se em nossos altares.

11 - INVOCAÇÃO AO SAGRADO CORAÇÃO

Concedei, ó Deus todo-poderoso que, alegrando-nos pela solenidade do Coração do vosso Filho, meditemos as maravilhas de seu amor, e possamos receber, desta fonte de vida, uma torrente de graças.

Ó Deus, que no Coração do vosso Filho, ferido por nossos pecados, nos concedestes infinitos tesouros de amor, fazei que lhe ofereçamos uma justa reparação, consagrando- lhe toda a nossa vida.

Elevado na cruz, entregou-se por nós em seu imenso amor; e de seu lado aberto fez jorrar, com a água e o sangue, os sacramentos da Igreja, para que todos os homens, atraídos ao seu Coração, viessem beber com perene alegria na fonte salvadora.

Concedei-nos que, sempre voltados para o vosso Filho, aprendamos a reconhecê-lo em cada irmão.

12 - PEDIDO AO DIVINO CORAÇÃO

Se alguém tiver sede, venha a mim e beba. Daquele que crê em mim brotarão rios de água viva. Senhor Deus, revesti-nos das virtudes do Coração de vosso Filho, e inflamai-nos com seu amor, para que, assemelhando-nos a Ele, possamos participar da redenção eterna.

Pai de misericórdia, que na vossa imensa caridade nos destes o vosso Filho único, fazei que, formando com Ele um só corpo, possamos oferecer-vos um culto digno de Vós.

O amor de Deus foi derramado em nossos corações pelo seu Espírito que habita em nós. Assim, conformados ao Cristo na terra, nos associemos no céu à sua glória. Amém.

13 - SAGRADO CORPO E SANGUE DE CRISTO

Sagrado Corpo de Cristo, fortalecei-me. Sagrado Corpo de Cristo, erguei-me. Sagrado Corpo de Cristo, defendei-me. Sagrado Corpo de Cristo, convertei-me. Sagrado Corpo de Cristo, alimentai-me. Sagrado Corpo de Cristo, sustentai-me. Sagrado Corpo de Cristo, escutai-me. Sagrado Corpo de Cristo, abençoai-me. Sagrado Corpo de Cristo, consagrai-me. Sagrado Corpo de Cristo, santificai-me.

Sagrado Sangue de Cristo, curai-me. Sagrado Sangue de Cristo, lavai-me. Sagrado Sangue de Cristo, guardai-me. Sagrado Sangue de Cristo, purificai-me. Sagrado Sangue de Cristo, confortai-me. Sagrado Sangue de Cristo, libertai-me.

Sagrado Corpo de Cristo, perdoai-me. Sagrado Sangue de Cristo, consolai-me. Sagrado Sangue de Cristo, transformai-me. Sagrado Sangue de Cristo, salvai-me.

14 - PRECE DA NOITE AO DIVINO CORAÇÃO

Divino Coração, a ti eu me dirijo no início desta noite, com tudo aquilo que sou e fiz no dia de hoje. Divino Coração, atraindo a todos, em oração passavas as noites; por isso, também quero ficar bem perto de ti.

Tu és a minha paz, o meu repouso, o meu descanso. Volta para mim a tua bondade, para que eu possa viver como fiel discípulo e testemunha. Amém.

15 - CORAÇÃO SEMELHANTE AO DE JESUS

Sagrado Coração de Jesus, eu tenho confiança: um dia farás meu coração semelhante ao teu. Acredito que só teu amor pode reanimar minha esperança, incendiar o mundo nas chamas de tua ressurreição.

Minha história é o registro diário de tua bondade para comigo, é a marca de tua paciência com meus descaminhos. Sei que Tu me chamas à solidão do monte, para ali me ensinares que és manso e humilde, que tens um jugo suave.

Quero ter teu coração no meu, quero aprender a viver no ritmo compassado de tua paciência para comigo, mesmo sabendo que quase nunca estou de todo disponível a teu dom de salvação. Buscar assemelhar-me a ti é trabalho de uma vida toda.

São muitos os desvios que faço, são graves as minhas resistências. Não fosse a certeza de que és amoroso, já teria desistido. Mas tua voz não cala. Ecoa no Evangelho, se reproduz na vida dos que sem cessar te buscam.

Por isso, me consagro a ti. Espero que aceites minhas mãos ainda vazias e meu coração hesitante. Transforma-me, Coração de Jesus; só Tu podes fazer-me semelhante a ti, porque sem tua Palavra todo esforço é vão, toda esperança desilude.

Doce Coração de Jesus, que tanto me amais, fazei-me amar-te cada vez mais.

16 - ORAÇÃO DO CORAÇÃO

Há corações que exaltam e corações que humilham, corações que bendizem e corações que maldizem. Há corações que elevam e corações que rebaixam, corações que pedem e corações que negam.

Há corações que abençoam e corações que amaldiçoam, corações que acolhem e corações que rejeitam. Há corações que recolhem e corações que dissipam, corações que curam e corações que ferem.

Há corações que edificam e corações que derrubam, corações que ensinam e corações que deseducam. Há corações que libertam e corações que oprimem, corações que perdoam e corações que se vingam.

Há corações que socorrem e corações que abandonam, corações que unem e corações que desunem. Há corações que aproximam e corações que repelem, corações que dão vida e corações que matam.

Há corações que suplicam e corações que se fecham, corações que semeiam o rancor e corações que trazem a paz. Coração de Jesus, fazei meu coração semelhante ao vosso.

17 - BONDOSO CORAÇÃO

Coração de Jesus, cheio de amor e compaixão, que sabe entender as fraquezas humanas, que sabe acolher a todos. Coração de Jesus, que está muito perto, pulsando sem parar, chorando nos sofrimentos, sorrindo nas alegrias, amando com profundo amor.

Coração de Jesus, da lei do amor e da misericórdia, da lei gravada em cada fibra do coração humano, cheio de graça e auxílio, de toda cura e libertação, do perdão e da generosidade, conforto dos enfermos e pecadores, que espera com paciência.

Coração de Jesus sempre presente, que está ao meu lado, que está dentro de mim, pulsando no meu coração. Coração chagado e repartido, nunca cansado de esperar por mim. Fazei meu coração semelhante ao vosso.

18 - SENHOR JESUS CRISTO

Senhor Jesus Cristo, Tu que no coração de cada homem e mulher construíste a tua morada, dá-me um coração capaz de suportar a cruz que Tu carregaste, acolher aquilo que Tu acolheste, perdoar aquilo que Tu perdoaste, amar aquilo que amaste.

Um coração para falar a verdade e contestar o erro, para proclamar a justiça e denunciar a violência, para estabelecer a paz e condenar a guerra, para promover a partilha fraterna e sepultar o egoísmo.

Senhor Jesus Cristo, Tu que andaste pelos caminhos para beber o cálice do sofrimento humano, concede-me um coração com o gosto de caminhar com pressa na direção de meus semelhantes, a fim de conhecer suas angústias e animar suas esperanças, participar de suas alegrias e apontar-lhes a direção da casa paterna.

Senhor Jesus Cristo, Tu que multiplicaste o pão para o povo faminto, concede-me um coração com desejo de também distribuir o pão para quem tem fome, a alegria para quem está triste, a esperança para quem está desesperado, a fé para quem está nas trevas, o amor para quem não é amado, a vida para quem está aguardando a morte.

19 - ORAÇÃO AO SAGRADO CORAÇÃO DIANTE DO SACRÁRIO

Coração de meu Jesus, quanto sois bondoso para comigo, pobre pecador, e quanto me amais. Coração de meu Jesus, se eu nem sou digno de entrar em vosso templo, como é que poderei receber-vos em meu coração?

Jesus, o vosso Coração é puro e santo; puro e santo fazei, portanto, o meu coração. O vosso Coração é manso e humilde; humilde e paciente para com todos seja sempre o meu coração.

O vosso Coração está desapegado de tudo; por isso, eu, por vosso amor, renunciarei às minhas vontades e desejos. O vosso Coração está completamente aceso, inflamado de amor para com vosso eterno Pai; por isso, eu quero acender no meu coração este fogo de amor.

O vosso amor ama a todas as almas e as quer salvar a todas; eu também, Jesus, amo as almas, eu desejo vê-las salvas. Aumentai em meu coração este amor até morrer para salvá-las. O vosso Coração é vítima que se sacrifica como hóstia imolada; fazei de mim o que vos aprouver. Assim seja.

20 - NOVENA AO CORAÇÃO DE JESUS

Sagrado Coração de Jesus, eu vos adoro como meu Deus e Senhor. Eu vos louvo e bendigo por todas as graças e dons que já recebi do vosso misericordioso Coração. Eu vos peço perdão pelas minhas infidelidades em vos amar.

Contudo, confiando em vossa misericórdia, atendendo ao vosso convite: "Vinde a mim todos vós que estais aflitos e cansados e eu vos aliviarei", ímploro com toda a confiança novas graças.

Sei que o vosso Coração é fonte perene de vida e santidade. Atendei, vos suplico, os pedidos que vos faço nesta novena, Vós que sois rico para todos os que vos invocam.

21 - ORAÇÃO DE AMOR AO SAGRADO CORAÇÃO

Coração inflamado do puro amor, altar da caridade divina. Coração que ardeis de amor para com Deus e para comigo, eu vos adoro, vos amo e quisera consumir-me de amor e de reconhecimento diante de Vós. Eu me associo às vossas disposições e quero, a todo custo, arder no fogo do vosso amor e viver de vossa vida.

Coração divino, eu me uno a Vós e em Vós me escondo. Não quero mais viver senão de Vós, por meio de Vós e por Vós. Coração infinitamente amável, santo e perfeito, eu vos amo de todo o meu coração, com toda a minha alma e com todas as minhas forças.

Coração sacratíssimo de Jesus, Vós me tendes amado tanto; eu também, de minha parte, vos quero amar, com todo o meu ser. Coração ferido do Senhor, muitos vivem sem amor e feridos em sua dignidade.

Quero, por amor a Vós, amar os meus irmãos, assisti-los em suas necessidades. Assim seja!

Conecte-se conosco:

f facebook.com/editoravozes

⊙ @editoravozes

𝕏 @editora_vozes

▶ youtube.com/editoravozes

☎ +55 24 2233-9033

www.vozes.com.br

Conheça nossas lojas:
www.livrariavozes.com.br

Belo Horizonte – Brasília – Campinas – Cuiabá – Curitiba
Fortaleza – Juiz de Fora – Petrópolis – Recife – São Paulo

EDITORA VOZES LTDA.
Rua Frei Luís, 100 – Centro – Cep 25689-900 – Petrópolis, RJ
Tel.: (24) 2233-9000 – E-mail: vendas@vozes.com.br